Meine Erlebnisse in russischer Gefangenschaft

gefördert von
Stiftung Südtiroler
Sparkasse

Die Drucklegung dieses Buches wurde ermöglicht durch
die Stiftung Südtiroler Sparkasse.

Johann Raffeiner

Meine Erlebnisse in russischer Gefangenschaft

BIBLIOGRAFISCHE INFORMATION DER DEUTSCHEN NATIONALBIBLIOTHEK
Die Deutsche Nationalbibliothek verzeichnet diese Publikation in der Deutschen Nationalbibliografie; detaillierte bibliografische Daten sind im Internet abrufbar: http://dnb.d-nb.de

2015 · Dritte Auflage

Europa-Karte: »Dolomiten«-Infografik
Design & Layout: Athesia-Tappeiner Verlag

ISBN 978-88-6839-052-5

www.athesiabuch.it
buchverlag@athesia.it

Inhaltsverzeichnis

Vorwort

Jahrzehntelang hatte ich nicht den Mut oder die Kraft dazu, über meine Erlebnisse in russischer Gefangenschaft zu sprechen, weil mir kaum jemand zuhören wollte. Sooft ich darüber zu berichten versuchte, stieß ich auf taube Ohren. Für mich war es auch schwer, die richtigen Worte zu finden.

Das Desinteresse meiner Mitmenschen veranlasste mich, weiterhin zu schweigen.

Erst jetzt, sechs Jahrzehnte später, wage ich es, meine Erinnerungen niederzuschreiben, noch bevor mein Leben zu Ende geht.

Es sind wahre Begebenheiten während der Gefangennahme, es sind die Erinnerungen an den Abtransport und die endlose Fahrt nach Russland, an unmenschliche Arbeitsbedingungen, Ungezieferplage, an Hunger, Durst und Verzweiflung.

Es ist aber auch eine Geschichte von Hoffnung, Heimkehr und Neuanfang.

Johann Raffeiner

Einleitung

Gerald Steinacher

Wenige Monate vor Kriegsende 1945 muss der 17-jährige Johann (Hans) Raffeiner seinen Militärdienst antreten, wird in die Waffen-SS gezwungen und noch kurz vor der deutschen Kapitulation im April 1945 nach Prag an die Front geschickt. Dort gerät er in sowjetische Kriegsgefangenschaft. Für viereinhalb Jahre kämpft er gegen Hunger und Krankheiten.

Raffeiner, Bauernsohn aus dem Südtiroler Ort Laas im Vinschgau, erzählt in einfachen klaren Worten von Option, Kriegszeit und sowjetischer Kriegsgefangenschaft. Es ist eine »Geschichte von unten« aus der Sichtweise der sprichwörtlich kleinen Leute. Wie ein moderner Simplicissimus gerät Raffeiner in die Mühlräder des Zweiten Weltkrieges und erlebt in den letzten Kriegswochen die Absurdität des Krieges und das Elend der Kriegsgefangenen. Die Lektüre von Raffeiners Erinnerungen ist von Anfang bis Ende fesselnd. Hier wird Südtiroler Zeitgeschichte lebendig und erhält ein Gesicht.

Begleiten wir Raffeiner zurück in die Vergangenheit. Nach dem Ersten Weltkrieg wird das südliche Tirol von Italien annektiert und der Brennerpass zur Staatsgrenze. Mit der Machtübernahme von Mussolinis Faschisten 1922 steht die Italianisierung Südtirols auf dem Staatsprogramm. Die Methoden der faschistischen Schlägertrupps sind Raffeiner noch sehr lebhaft in Erinnerung. Die deutschsprachige Bevölkerung wird besonders kulturell unterdrückt. Die italienischen Faschisten verbieten deutsche Schulen, Kultur und Brauchtum. Südtiroler Orts- und Flurnamen werden flächendeckend italianisiert, eine staatlich organisierte Zuwanderung italienischer Familien setzt ein. Südtirol und die Südtiroler sollen gewaltsam italienisch werden. Raffeiner schildert, wie sich die Menschen im Lande wehren. Neben der italienischen Volksschule besucht Raffeiner die »Katakombenschule« – den heimlichen Deutschunterricht in Privathäusern und Heustadeln, organisiert von den Dorfgemeinschaften und dem Südtiroler Klerus.

Südtiroler werden so zu Opfern des faschistischen Regimes. Eine kollektive Opferthese entsteht. Dabei wird allerdings geflissentlich übersehen, dass die Südtiroler Abwehrhaltung gegen den Faschismus sehr oft nur ein national-ethnisch motivierter »Antiitalienismus« war. Dies zeigt sich spätestens mit der Gründung des »Völkischen Kampfringes Südtirol« (VKS) im Jahre 1933 – einer nationalsozialistisch orientierten Bewegung. Die Angehörigen des VKS verstanden sich als Widerständler, was man aus den damaligen Zeitumständen heraus bis zu einem gewissen Grad noch nachvollziehen kann. Unverständlich, bedenklich und wissenschaftlich freilich nicht mehr haltbar ist es aber, wenn nach 1945 und zum Teil bis heute in Publikationen zur Südtiroler Zeitgeschichte der VKS als »antifaschistischer Widerstand« bezeichnet wird. Nach dieser Definition konnte man in Südtirol also gleichzeitig überzeugter Nazi und aktiver Antifaschist sein. Diese Reduktion von Widerstand auf eine rein nationale, kulturelle und sprachliche Resistenzhaltung bildet, gelegentlich sogar bis heute, ein wichtiges Raster für die Wahrnehmung von italienischem Faschismus und deutschem Nationalsozialismus in Südtirol. Claus Gatterer, Südtiroler Journalist und Buchautor, bringt diese komplexe Realität des gleichzeitigen Nebeneinanders von zwei faschistischen Weltanschauungen und Systemen sowie die damalige Einstellung und später oft vereinfachende Erinnerung seiner Landsleute präzise auf den Punkt, wenn er schreibt:

»Der Faschismus war menschlicher, korrumpierter und gerade in den menschlichen Unwägbarkeiten leichter berechenbar – aber er sprach italienisch, er war ›fremd‹. Der Nazismus war wohl brutaler, unmenschlicher – doch redete er immerhin deutsch. Für viele ›gehörte er zu uns‹, war er ›unser‹, weil er unsere Sprache sprach.«

Die kulturelle und sprachliche »Entheimatung« lässt viele Südtiroler im Laufe der 1930er Jahre immer mehr nach Deutschland blicken. Nach der Machtübernahme Hitlers 1933 richten sich die Hoffnungen vieler Südtiroler und Südtirolerinnen endgültig auf eine nationale Befreiung durch das Dritte Reich. Nun heißt die Devise: »Südtirol kann nur durch ein starkes Deutschland geholfen werden.« Hitlers schon früh geäußertes Desinteresse an Südtirol wird von den Kreisen des VKS entweder ignoriert oder als eine reine Taktik Hitlers abgetan. Doch der »Führer« holt Südtirol nicht »heim ins Reich«, wie es sich der VKS bis 1939 erträumt. Hitler ordnet die Südtirolfrage von Anfang an dem Bündnis mit Italien unter. 1939 einigen sich Mussolini und Hitler darauf, das »Problem Südtirol« definitiv aus der Welt zu schaffen; das gerade geschlossene Achsenbündnis zwischen den beiden Diktatoren soll nicht mehr damit belastet werden. Die Südtiroler müssen sich in einer Abstimmung, der sogenannten Option, dafür entscheiden, entweder die italienische Staatsbürgerschaft beizubehalten und in der Provinz Bozen zu verbleiben oder die deutsche Staatsbürgerschaft anzunehmen und ins Deutsche Reich abzuwandern. Der Verbleib in Italien ist mit einer vollkommenen Italianisierung verbunden. Die Position der »Italien-Optanten«, »Dableiber«, wird dadurch erschwert, dass sie sich mit einer ungewissen Zukunft konfrontiert sehen, da das faschistische Italien anfänglich offizielle Garantien für ein Verbleiben dieser Menschen in Südtirol verweigert. Das Ziel des Umsiedlungsvertrages hat Erich Amonn, Bozner Kaufmann und erster Obmann der im Mai 1945 gegründeten Südtiroler Volkspartei (SVP), knapp und präzise formuliert: »Die Befreiung Südtirols von den Südtirolern«.

Rund 85 Prozent der Optionsberechtigten unterzeichnen das orangerote Formular für die Annahme der deutschen Staatsbürgerschaft und die damit verbundene Abwanderung in das Dritte Reich. Darunter ist auch die Familie von Hans Raffeiner. Die Raffeiners sind Kleinhäusler, es sind sieben Kinder zu versorgen. Neben der Arbeit am Hof muss der Vater auch noch als Waldarbeiter dazuverdienen. Für die Entscheidung zum Abwandern spielen auch bei den Raffeiners die Versprechungen von SS-Chef Himmler eine wichtige Rolle. Die Südtiroler und Südtirolerinnen sollen in einem geschlossenen Siedlungsgebiet neu angesiedelt werden, zudem sollen dort großzügig Land und Bauerngüter verteilt werden. Die Entscheidung für Deutschland ist meist keine offene Sympathieerklärung gegenüber dem Nationalsozialismus, sondern oft auch Absage an die Unterdrückungspolitik des italienischen Faschismus. Durch den Krieg gerät die Auswanderung ins Stocken und kommt schließlich 1943 völlig zum Stillstand. Tatsächlich wandern dann nur 75.000 der rund 210.000 deutsch- und ladinischsprachigen Südtiroler Optanten ab.

Nach der Landung der Alliierten auf Sizilien 1943 und Mussolinis Absetzung marschiert die Wehrmacht in Italien ein und besetzt auch Südtirol. Nun scheint für den VKS bzw. die Arbeitsgemeinschaft der Optanten endlich der lang ersehnte Tag der »nationalen Befreiung« der Südtiroler und Südtirolerinnen gekommen zu sein. Während die Mehrheit der Südtiroler Bevölkerung auf der Straße den deutschen Landsern zujubelt, sie mit Wein und Früchten als »Befreier« begrüßt, beginnt für die kleine Gruppe der »Dableiber« die schwierigste und härteste Zeit des Krieges. Eine offizielle Annexion des Landes bleibt auch 1943 aus und die Brutalität des Krieges und des Nazi-Terrors unter dem Tiroler Gauleiter Franz Hofer wird immer spürbarer. Und trotzdem ist an Widerstand gegen den deutschen Nationalsozialismus und den deutschen »Führer« kaum zu denken. Ein Tagebucheintrag eines Südtirolers aus dem Jahre 1944 fasst die Stimmung der Südtiroler Mehrheit zusammen: »Wir haben voll auf die deutsche Karte gesetzt und müssen jetzt mit ihr siegen oder untergehen.«

Auch in Südtirol werden die letzten Reserven für den »Endsieg« mobilisiert. Schließlich werden auch 17-Jährige eingezogen. Hans Raffeiner ist einer von ihnen. Zunächst leistet er 1944 einige Monate Wachdienst in der Heimat, dazu gehört die Bewachung von Juden beim Arbeitseinsatz. Kurz vor dem Kriegsende in Europa wird Raffeiner als Soldat der Waffen-SS nach Prag geschickt. Dort erlebt er in den letzten Kriegswochen die Absurdität und Grausamkeit des Krieges. Eine Szene im Offizierskasino in Prag bleibt ihm dabei besonders in Erinnerung. Ein Speisesaal voll verwundeter Offiziere, beinamputiert oder auf einem Auge blind, sie suchen im Alkohol ihre verzweifelte Lage zu vergessen: »Und wir werden weitermarschieren, bis alles in Scherben fällt …« Raffeiner kommen damals ernste Zweifel über die Sinnhaftigkeit des Krieges.

Überall Auflösungserscheinungen. Im Chaos des Kriegsendes schließen sich er und Südtiroler Kameraden schier endlosen Flüchtlingstrecks an – alle wollen Richtung Westen, sich zu den US-Amerikanern durchschlagen. An den Bäumen links und rechts der Straße sehen sie überall Erhängte. Doch Raffeiners Gruppe wird von den Sowjets eingeholt, gerät in sowjetische Gefangenschaft. Der lange Marsch Richtung Osten beginnt. Ständiger Begleiter ist der Hunger; Unkraut und Bratkartoffeln sowie die Mildtätigkeit einfacher Leute sichern das Überleben – zumindest für den Augenblick.

Schließlich beginnt ein mehrjähriger Leidensweg durch Kriegsgefangenenlager in Georgien und Aserbaidschan. Raffeiner ist einer von etwa drei Millionen deutschen Soldaten und Offizieren in sowjetischer Gefangenschaft. Etwa zwei Millionen kehren später in ihre Heimat zurück. Zum Vergleich: Die Wehrmacht nimmt ab 1941 zirka 5,7 Millionen sowjetische Soldaten gefangen. Über drei Millionen davon, also mehr als die Hälfte, überleben die deutsche Gefangenschaft nicht. Raffeiner beschreibt sein Überleben, seinen Alltag als sowjetischer Kriegsgefangener mit einfachen Worten. Er malt auch nicht Schwarz-Weiß-Bilder, verurteilt nicht, sondern beschreibt und sieht jeden Menschen als Individuum. »Der Hunger war in der russischen Gefangenschaft ein großes Problem. Nicht nur wir Kriegsgefangene hatten darunter zu leiden, sondern auch die russischen Strafgefangenen und das ganze übrige Volk«, schreibt Raffeiner. Neben der Brutalität und dem Sterben in den Gefangenenlagern zeigt er auch immer Menschlichkeit, Herz, Toleranz, Mitleid, das es überall gibt. Besonders stark ist seine Erinnerung an die Lehrerin Sonja und ihre Mutter, die Raffeiner wiederholt beistehen. Hunger, Kälte und Ungeziefer prägen den Alltag; die erste Postkarte aus der Heimat gibt Kraft zum Weiterleben. Schließlich die Heimkehr nach Südtirol 1949 – nach über vier Jahren Kriegsgefangenschaft. Raffeiner kehrt als »Österreicher« nach Südtirol zurück. Die nationale Zuordnung ist damals bei den Südtiroler Kriegsgefangenen unklar – mal gelten sie als Deutsche, mal als Österreicher, mal als Italiener. Das hat gute Gründe, denn die Staatsbürgerschaft der Südtiroler Optanten für Deutschland ist zunächst unklar, erst ab 1948 können sie wieder die italienische Staatsbürgerschaft erwerben.

Dabei hat Raffeiner noch Glück im Unglück. Die Heimat Südtirol bleibt ihm und seinen Landsleuten erhalten. Die Südtiroler und Südtirolerinnen werden bei Kriegsende nicht aus ihrer Heimat vertrieben wie Millionen anderer »Volksdeutscher« aus Mittel- und Osteuropa. Raffeiner nimmt in seinen Erinnerungen immer wieder darauf Bezug, seine besondere Teilnahme gilt seinen Mitgefangenen, die ihre Heimat für immer verloren haben: Schlesier, Ostpreußen, Sudetendeutsche, Siebenbürger … Das »große Glück der Südtiroler« (Erich Amonn) ist der Eintritt Italiens in den Krieg auf Seiten Hitler-Deutschlands 1940. Weil Italien bei Kriegsende dadurch selbst auf der Verliererseite steht und einen harten Friedensvertrag akzeptieren muss, kann es die Vertreibung der Südtiroler Optanten nicht verlangen. Im Gruber-Degasperi-Abkommen von Paris 1946 bleibt Südtirol zwar italienisches Staatsgebiet, aber die Südtiroler dürfen ihr Heimatrecht behalten. In gewissem Sinne kann dies als eine europäische Kompromisslösung zwischen den Österreichern und Italienern unter Patronanz der Alliierten gewertet werden.

In den Jahren des Kalten Krieges herrscht auch in Südtirol großteils Schweigen über die NS-Zeit. Auch Raffeiner will niemand zuhören, überall stößt er auf taube Ohren. Seine traumatischen Erfahrungen muss er für sich behalten, selbst damit fertig werden. Wie andernorts entwickelt sich eine Kultur des Nichtdarüber-Sprechens. Die tiefe Spaltung der Südtiroler Gesellschaft seit der Option und die vielen offenen Wunden zwischen Dableibern und Optanten für Deutschland werden über Jahrzehnte vom offiziellen Südtirol verdrängt. »Von oben« wird ein Schlussstrich verlangt, eine Einheitsdisziplin gegenüber »den Italienern« eingefordert. Die Erinnerung an Krieg und rechte Diktaturen ist im Grenzland Südtirol schwierig und »ethnisch versäult«. (Günther Pallaver). Italiener wie Südtiroler sehen die eigene Sprachgruppe oft nur als Opfer und nicht auch als Täter.

Die mehrheitliche Optik der Südtiroler auf die Zeit von 1939 bis 1945 und vor allem auch nach 1945 etwa im Rahmen von Veteranenvereinen ist eine andere als Raffeiners Sichtweise. Bei den Kriegsveteranen dominiert das Heldengedenken, Heldenfeiern und die Meinung, dass die Opfer nicht sinnlos waren. Bei Todesanzeigen bis in die 1990er Jahre dürfen Angaben zu SS-Einheit, SS-Rang und verliehenen Orden nicht fehlen. Raffeiners Erzählungen vom unheroischen Überlebenskampf als Kriegsgefangener in der Sowjetunion passen nicht in die Verklärungsmentalität der Nachkriegszeit. Heldengeschichten von der Ostfront sind eher noch gefragt und gesellschaftlich über Jahrzehnte toleriert. Ein besonders drastisches Beispiel für diesen Umgang mit der jüngsten Vergangenheit ist Paul Hafner aus Mals in Südtirol. Der ehemalige Waffen-SS-Offizier lebt seit den 1950er Jahren in Spanien und träumt vom kommenden Vierten Reich. Der österreichische Filmemacher Günter Schwaiger hat Hafner in einem bedrückenden Dokumentarfilm verewigt – »Hafners Paradies«. Den Völkermord an den Juden leugnet Hafner, für den ehemaligen Schweinezüchter ist und bleibt Hitler der Retter Europas vor den Kommunisten.

Dank eines Nachdenk- und Nachfrageverbots, das in Südtirol über das große Tabu »Option« und Kriegszeit verhängt wurde, waren jene dramatischen Jahre aus dem kollektiven Gedächtnis der Südtiroler und Südtirolerinnen lange Zeit »verschwunden«. Erst die große »Optionsausstellung« und die Erinnerungen von Franz Thaler, Wehrdienstverweigerer und Häftling in Dachau, haben das Schweigen ab 1989 nachhaltig gebrochen. Die offene, einfache und zutiefst versöhnliche Art der Darstellung Thalers »entwaffnete« auch kritische Stimmen. Raffeiners Erinnerungen sind eine gute Ergänzung zu Franz Thalers Buch »Unvergessen«. Denn Geschichte kann man verdrängen, aber nicht vergessen. Der Zeitpunkt für die Veröffentlichung dieser Autobiografie ist auch günstig gewählt: 2009 jährt sich die »Option« zum 70ten Mal.

Leo Reisigl, ein Südtiroler Kriegsveteran und Bekannter von Raffeiner meint: »Nun ist das alles sechzig und mehr Jahre her. Ein Stück erlebtes Menschenschicksal wird hier aus dem Gedächtnis schlicht und einfach erzählt. Ähnliche Schicksale hat es im und nach dem Krieg tausendfach, ja millionenfach gegeben. Mögen die jungen Leute von heute erkennen, dass sie es besser haben und dass der Frieden ein hohes Gut ist, das es zu erhalten gilt.«

Kindheit in Laas

Am 13. Oktober 1927 bin ich, Johann Raffeiner, als zweites von sieben Kindern in Laas geboren und dort aufgewachsen. Mein Vater Josef Raffeiner (27. August 1897 bis 13. September 1981) aus Laas besaß eine kleine Landwirtschaft. Meine Mutter Aloisia Raffeiner, geborene Wieser (23. Mai 1901 bis 13. November 1951), stammte aus Lichtenberg.

Ein paar Felder und zwei Kühe im Stall reichten nicht aus, um sieben hungrige Mäuler zu stopfen. Daher musste mein Vater neben der Feld- und Stallarbeit noch zusätzlich als Waldarbeiter ein wenig dazuverdienen.

Wir bewohnten ein altes Bauernhaus, das nach heutigen Begriffen höchst renovierungsbedürftig gewesen wäre. Es gab kein fließendes Wasser im Haus, was damals die Regel war. Das Wasser musste vom Dorfbrunnen in großen Kannen hergeholt werden. Besonders anstrengend waren für die Frauen die Waschtage. »Geschwänzt« (gespült) wurde die Wäsche an der Etsch, was nicht ungefährlich war. Weil das Waschen zu den schwersten Arbeiten zählte, mussten alle Mädchen und auch die Buben Schürzen tragen. Eine Schürze ließ sich leichter waschen als eine Lodenhose oder ein Kleid.

Wir wohnten in unmittelbarer Nähe der Kirche; wir drei Buben durften aber nicht ministrieren, weil wir zu schäbig gekleidet waren. Hatte unsere Hose ein Loch, wurde immer wieder ein Fleck darübergenäht.

In unserem Haus gab es eine eher kleine Stube, eine Küche, die auch als Selchküche genutzt wurde, und zwei Schlafzimmer. Ein Schlafzimmer war für meine Eltern und eines für uns Kinder, wobei darin nur drei Betten Platz hatten. Wir Buben – ich war der älteste der drei – mussten miteinander in einem Bett schlafen, weshalb ich immer unausgeschlafen aufwachte und dafür in der Schule mit dem Schlaf zu kämpfen hatte. Die vier Schwestern schliefen je zu zweit in einem Bett.

Wenn alle sieben Kinder in der Stube versammelt waren, zum Beispiel bei Regenwetter, ging es manchmal lebhaft zu. Bei schönem Wetter hieß es immer: »Geht hinaus und tobt euch draußen aus!«

Den Stall, in dem unsere zwei Kühe standen, mussten wir mit zwei Nachbarn teilen, was manchmal zu Zwistigkeiten zwischen uns und ihnen führte. Der Stadel war auch dreigeteilt; wenn einer mehr Heu oder mehr Korngarben ernten konnte als der andere, rief dies oft Neid hervor. Der Platzmangel im Haus, die Streitigkeiten zwischen uns und den Nachbarn und das knappe Durchkommen beunruhigten mich, sodass ich

Hans Raffeiner (rechts) mit Schwester Berta Raffeiner (links) und der Großmutter mütterlicherseits Aloisia Wieser, geborene Riedl

nichts dagegen hatte, wenn mich die Mutter schon als Knabe im Sommer zu wohlhabenderen Bauern zum Arbeiten schickte, um einen Esser weniger bei Tisch zu haben. Das wenige Geld, das ich verdiente, war für meine Mutter ein kleiner Zuschuss zum Wirtschaftsgeld.

Was ich zu Hause als besonders störend empfand, war der Umstand, dass mein Vater manchmal über den Durst trank und beschwipst war, was meine Mutter gar nicht ausstehen konnte und in der Familienharmonie Dissonanzen hervorrief.

Den Bauern, bei denen ich arbeiten musste, könnte ich nichts Übles nachsagen. Ich bekam genug zu essen, und arbeiten oder hüten hätte ich zu Hause auch müssen. Zum Schulbeginn im Herbst musste ich wieder nach Hause zurückkehren.

Von Oktober bis zum nächsten Schulschluss Ende Juni hieß es wieder fasten und schmal abbeißen, denn damals herrschte in den meisten kinderreichen Familien die blanke Not. In Schlanders wohnte unsere Tante Berta. Von ihr erfuhr meine Mutter, dass dort in den Kasernen, wo italienisches Militär stationiert war, nach dem Mittagessen Essensreste an ärmere Kinder verteilt wurden.

Eines Tages schickte meine Mutter meinen Bruder Josef und mich mit zwei Eimern zu Fuß nach Schlanders in der Hoffnung, dass auch wir ein paar Speisereste ergattern könnten. Als wir nach langem Marsch in Schlanders ankamen, war es für uns nicht schwer, die Kasernen zu finden, denn sie standen oberhalb des Dorfes und waren groß genug, um sie nicht zu übersehen.

Vor einer Kaserne mit der großen Aufschrift »Caserma Druso« wartete schon eine lange Schlange von Kindern mit leeren Gefäßen. Auch wir stellten uns hinten an und warteten, bis wir an die Reihe kamen. Endlich war es dann so weit. Jeder von uns beiden bekam den Behälter voll Risotto, der so herrlich duftete, dass wir ihn am liebsten schnell aufgegessen hätten, aber wir mussten ihn nach Hause bringen und mit den Geschwistern teilen.

Die Mutter schickte uns noch ein paar Mal nach Schlanders zu den Kasernen um Speisereste. Einmal gab es Pasta asciutta, ein anderes Mal einen guten Minestrone (Gemüsesuppe) mit viel Gemüse.

Es war zwar mühevoll, zu diesen Leckerbissen zu gelangen, aber es lohnte sich. Allerdings schäme ich mich bis heute, darüber zu sprechen, weil ich mir damals wie ein Bettler vorkam, obwohl viele bedürftige Kinder die Gelegenheit dazu nutzten.

Es gibt noch eine Begebenheit, über die ich zwar auch nicht gerne spreche, die aber aussagt, wie karg das Leben damals in den Dreißigerjahren war.

Mein Vater war ein Kettenraucher. Wenn er nicht gerade bei der Arbeit war, wuzelte er eine Zigarette nach der anderen, und meiner Mutter gelang es nicht, ihm das Rauchen abzugewöhnen. Sie hätte das Tabakgeld notwendig zum Wirtschaften gebraucht. Daher beauftragte sie uns Buben, die Zigarettenstummel auf der Straße einzusammeln und nach Hause zu bringen, wo sie dann zerrupft wurden und im Tabakbeutel landeten. So konnte sich die Mutter ab und zu, anstatt Tabak zu kaufen, ein paar Lire oder Centesimi einsparen.

Die Geldnot von damals können sich heute nicht einmal die ärmsten Leute vorstellen, weil sie finanziell unterstützt werden. Aber die jetzige kritische Wirtschaftslage lässt befürchten, dass die knappen Zeiten wiederkehren könnten.

Was die Schule betrifft, möchte ich nur erwähnen, dass ich sechs Jahre lang die italienische Volksschule besuchte. Nebenbei schickte die Mutter mich und meine schon schulpflichtigen Geschwister heimlich zu einer Katakombenlehrerin namens Nanni Tinzl, wo wir in der deutschen Sütterlinschrift lesen und schreiben lernten. Nachdem meine Familie sich bei der Option im Jahre 1939 fürs Auswandern ins Deutsche Reich entschieden hatte, besuchte ich noch zwei Jahre die deutsche Schule in Laas, wo wegen Lehrermangels nur Hilfslehrer unterrichteten. Wir wanderten jedoch wie viele andere Optanten nicht mehr ins

Deutsche Reich ab, weil die Auswanderung aus verschiedenen Gründen ins Stocken und schließlich zum Stillstand kam.

Eine Begebenheit, die ich als Kind erleben musste, werde ich nie vergessen. Im Jahre 1938 kam es in Laas um die Osterzeit zwischen den Faschisten und der einheimischen faschistenfeindlichen Bevölkerung zu einem Tumult. Die in Laas angesiedelten Italiener fühlten sich bedroht und holten sich von auswärts eine Brigade Camice nere (Schwarzhemden) mit dem Auftrag, die italienerfeindlichen Elemente zu verprügeln. Die Schwarzhemden wurden vom faschistischen Gemeindediener namens Bastonelli genauestens informiert, dass um zehn Uhr nachts einige Burschen, alle faschistenfeindlich eingestellt, die auswärts eine Arbeit gefunden hatten, mit dem letzten Zug in Laas ankommen würden.

Sobald die Burschen ausgestiegen waren, um nach Hause zu gehen, wurden sie plötzlich mit Gummiknüppeln von hinten angegriffen und geprügelt. Die Burschen setzten sich zur Wehr, rissen die Zaunlatten vom Zaun am Wegrand, um zurückzuschlagen, sodass eine arge Schlägerei entstand.

Durch den Lärm wurden die Anrainer aufmerksam und konnten vom Fenster oder vom Balkon aus das ganze wilde Geschehen beobachten. Auch vor unserem Haus spielte sich eine dramatische Szene ab. Unser Nachbar wurde von einigen Faschisten geprügelt, sodass er laut um Hilfe schrie: »Sepp, hilf mir!« Damit war mein Vater gemeint. Dieser holte ein Beil und wollte ihm zu Hilfe kommen, aber meine Mutter verriegelte die Haustür, und wir Kinder versuchten auch weinend und schreiend unseren Vater davon abzuhalten, um ein Blutbad zu verhindern. Bald darauf heulte die Sirene, sodass von allen Seiten Männer mit Knüppeln, Mistgabeln oder Dreschflegeln herbeieilten, um den Burschen zu helfen. Dabei sollen einige Schwarzhemden spitalreif geschlagen worden sein.

Sobald die Schwarzhemden bemerkten, dass sie in der Minderheit waren, zogen sie sich in ihren Militärbus, mit dem sie gekommen waren, zurück und verließen fluchtartig unser Dorf.

Am nächsten Tag wurden dreißig Laaser Männer und zwei Frauen, die auf der schwarzen Liste der Faschisten standen, von der Faschistengarde verhaftet und ins Gefängnis gesteckt. Sie blieben bis Juni inhaftiert. Da die Schwarzhemden ohne fremde Hilfe die »Schuldigen« nicht hätten auskundschaften können, war ihnen der Gemeindediener Bastonelli, ein fanatischer Faschist, dabei behilflich, denn er kannte ihren Wohnsitz.

Die Verhaftungen gingen aber nicht ganz reibungslos vonstatten. Von unserem Stubenfenster aus konnten wir beobachten, wie in unserer Nachbarschaft einige Gesuchte in eine dunkle Ladum, einen längeren Gang, flüchteten, verfolgt von Schwarzhemden. Es dauerte nicht lange, da kamen die Schwarzhemden unverrichteter Dinge wieder heraus, weil sich die Verfolgten

Die Eltern von Hans Raffeiner: Aloisia Raffeiner, geborene Wieser, und Josef Raffeiner auf dem Hochzeitsfoto

wahrscheinlich mit Stallwerkzeugen zur Wehr gesetzt oder sich unauffindbar versteckt hatten.

Einigen Männern aber war es noch in der Nacht zuvor, unmittelbar nach dem Tumult, gelungen, sich rechtzeitig abzusetzen, wahrscheinlich über die Grenze nach Österreich.

Diese Begebenheit ist als »Ostergeschichte« in die Laaser Dorfgeschichte eingegangen.

Als im Jahre 1939 der Zweite Weltkrieg ausbrach, mussten viele junge Männer in den Krieg ziehen, und bei den Bauern entstand ein großer Mangel an Arbeitskräften.

Ab meinem 14. Lebensjahr, als ich die Schule abgeschlossen hatte, arbeitete ich ganzjährig bei verschiedenen Bauern in Laas. Im September 1943 besetzten deutsche Truppen Südtirol. Die letzten eineinhalb Jahre vor meiner Einberufung zum deutschen Militär musste ich Arbeitsdienst leisten bei einem Bauern, der zwölf erwachsene Kinder hatte: acht Töchter und vier Söhne. Zwei Töchter und ein Sohn waren schon verheiratet und ausgezogen und sechs Töchter waren im heiratsfähigen Alter. Zwei Söhne mussten in den Krieg ziehen, einer davon ist gefallen. Der vierte Sohn musste nicht einrücken, weil er laut Ortsgruppenleitung im Land gebraucht wurde. Er bekam den Auftrag, mit einer Dreschmaschine den Bauern in Laas und Umgebung auszuhelfen.

Wenn Frontsoldaten auf Urlaub nach Laas kamen, kehrten sie gerne bei dieser Familie ein, wahrscheinlich der vielen Töchter wegen, und erzählten von ihren Erlebnissen an den verschiedenen Frontabschnitten. Ich hörte ihnen aufmerksam zu, weil es mich sehr interessierte. Aber die Erzählungen, die mich am meisten faszinierten, waren die über Russland, und ich wünschte mir sehnlichst, dieses geheimnisvolle Land einmal erleben zu können. Kurz vor Kriegsende wurde dieser Wunsch leider zur bitteren Wirklichkeit, als ich in russische Gefangenschaft geriet.

Einberufung zum Militärdienst

Im Mai 1944 mussten die Jahrgänge 1926 und 1927 in Schlanders zur Musterung antreten. Einige Laaser Burschen des Jahrgangs 1926 wurden bald darauf zur Waffen-SS einberufen und nach Udine geschickt.

Vom Jahrgang 1927 wurde ich als einziger Laaser der Waffen-SS zugeteilt, ohne dass ich mich dagegen hätte wehren können. Da ich aber erst 16 Jahre alt war und noch nicht 17, wurde mir Aufschub gewährt. Dafür aber musste ich bis zu meiner Einberufung im April 1945 beim SOD (Sicherheits- und Ordnungsdienst) mitarbeiten und Arbeitsdienst bei den Bauern leisten.

Vorerst bekam ich den Auftrag, des Nachts Juden zu bewachen, die in einer Baracke am Fuße des Bremsberges der Laaser Marmorwerke übernachteten. Bei Tagesanbruch wurden sie mit der Schrägbahn auf den Bremsberg hinauftransportiert, streng bewacht von freiwilligen holländischen SS-Soldaten. Von da wurden die Juden zum Marmorbruch begleitet, in dem sich ein großes Munitionslager befand. Dort mussten die Juden wahrscheinlich Munition verpacken.

Ich hatte den Eindruck, dass diese gefangenen Juden nur wenig zu essen bekamen. Daher bat ich ihre holländischen Bewacher, sie möchten mir gestatten, den Gefangenen ein paar Lebensmittel zu bringen, was sie mir auch erlaubten, mit der Bemerkung, es so unauffällig wie möglich zu tun. Darauf nahm ich unseren Handwagen und ging damit zu den wohlhabenderen Bauern und bat um ein Almosen für die Juden. Bis zum Abend war mein Wagen mit Kartoffeln und anderen Feldfrüchten gefüllt. Bei den zwei Metzgereien erhielt ich sogar ein paar Würste. Die gefangenen Juden nahmen die Lebensmittel dankbar an.

Später wurde ich beauftragt, des Nachts mit einigen Kumpels das Munitionslager im Tschenglser Badl zu bewachen. Diesen

Ort nennt man Badl, weil es dort Schwefelquellen gibt und unter Alt-Österreich sich in dieser Gegend ein gut besuchtes Schwefelbad befand.

Dieses Munitionslager wurde von den Faschisten errichtet und nach dem Einmarsch der deutschen Truppen im September 1943 von der deutschen Wehrmacht benutzt. Dienstverpflichtete Frauen aus der Umgebung wurden in diesem unterirdischen Stollen beschäftigt. Das ganze Gebiet war mit Drahtverhau abgeriegelt.

Inzwischen wurde ich zur vormilitärischen Ausbildung nach Schloss Annaberg oberhalb von Goldrain gerufen, die eine ganze Woche lang dauerte. Dort wurde uns beigebracht, wie man mit Waffen umzugehen hat.

Meine sechs Jahrgangskollegen, die wie ich erst in der zweiten Hälfte des Jahres 1927 geboren und bei der ersten Musterung noch nicht tauglich waren, wurden jetzt nachgemustert und ebenfalls der Waffen-SS zugeteilt.

Anfang April war es dann so weit, dass wir alle sieben aus Laas nach Sterzing einberufen wurden. Nach einer kurzen Nachmusterung in Sterzing wurde ich von meinen sechs Laaser Jahrgangskollegen getrennt. Sie wurden nach Hallein bei Salzburg geschickt und ich war als einziger Laaser für Prag bestimmt. Ich bat die Vorgesetzten inständig, mich nicht von meinen Kollegen zu trennen, aber es nutzte nichts. Ein SS-Offizier brüllte mich an: »Du bist für Prag bestimmt!«

Bald darauf wurde ich mit anderen Südtirolern, die aus verschiedenen Landesteilen kamen, in einen Personenzug gesteckt, und ab ging die Fahrt über Linz in Richtung Prag. Wir wurden von einigen SS-Männern begleitet. Auf der Fahrt lernte ich Max Wieser aus Schlanders und Otto Pircher aus Göflan kennen und wir gesellten uns zusammen.

Am Linzer Bahnhof mussten wir wegen eines Bombenangriffes eiligst den Zug verlassen und in den Luftschutzkeller flüchten.

Als wir in Prag ankamen, sagte einer der SS-Männer, die uns begleitet hatten, wir sollten schnell ein paar Zeilen an unsere Angehörigen schreiben und sie ihm mitgeben, denn er müsse nach Sterzing zurückkehren. Dort würde er die Post aufgeben, und unsere Eltern würden erfahren, wo wir uns befanden. Jedoch schon nach kurzer Zeit kam der SS-Mann zurück und teilte uns mit, dass wir eingekesselt seien und kein Durchkommen mehr möglich sei.

Erlebnisse in Prag

Ausbildung in Prag

In Prag absolvierten wir kurz vor Kriegsende drei Wochen lang eine Ausbildung zum Panzergrenadier, wofür ansonsten ein paar Monate nötig gewesen waren. Wir jungen Rekruten wurden in der Heinrich-Himmler-Kaserne untergebracht.

Jeden Tag mussten wir singend durch die Stadt zu den Exerzierplätzen marschieren. Auf dem Marsch dorthin und auf den Exerzierplätzen wurden wir ständig von Tieffliegern angegriffen und mussten immer wieder in Deckung gehen, sodass für die eigentliche Ausbildung wenig Zeit verblieb. Bombenangriffe gab es in Prag keine, um die Zivilbevölkerung nicht zu gefährden.

Am Abend nach den militärischen Übungen kehrten wir müde in die Kaserne zurück. Nach dem Abendessen versammelten wir uns zum Proben der Marschlieder, damit wir beim Marschieren singen konnten, denn das musste klappen.

Bevor wir uns in unseren Schlafraum zurückziehen konnten, bekam jeder von uns einen Auftrag, der ausgeführt werden musste.

Galgenhumor im Offizierskasino

In unserem Kasernenhof befand sich eine Kegelbahn, auf der die Offiziere gerne spielend die Freizeit verbrachten.

Einmal wurden mein Kamerad Otto Pircher und ich beauftragt, die Kegel aufzustellen. Das war eine gefährliche Arbeit, weil die Offiziere meist betrunken waren. Während wir noch damit beschäftigt waren, die Kegel aufzustellen, kamen schon die Kugeln dahergerollt oder durch die Luft geflogen, sodass wir kaum Zeit hatten, in Deckung zu gehen.

So schnell kann ein Krieg sogar gebildete Menschen verrohen.

Einmal wurde mir befohlen, in die Offiziersküche zu gehen und mich als Kellner nützlich zu machen. Ich bekam dort den Auftrag, im Offizierskasino für die Offiziere den Tisch zu decken. Man legte mir einen Stapel Teller, die ich in den Speisesaal tragen musste, auf die Arme. Ich schob mit einem Fuß die Tür auf, trat hinein und wollte mich mit den Tellern dem großen, langen Tisch nähern. Da kam mir ein Offizier entgegen, der ein Auge mit einer schwarzen Binde bedeckt hatte. Er ging auf mich zu und schlug mit einer großen Suppenkelle auf meine Teller, so dass sie klirrend zu Boden fielen und in tausend Scherben zerbrachen. Ich erschrak nicht wenig und stand ganz benommen da. Darauf schrie er mich an: »Kannst du nicht Haltung annehmen?« Alle anwesenden Offiziere brachen zuerst in ein schallendes Gelächter aus, dann sangen sie im Chor, oder besser gesagt sie johlten das Lied: »… und wir werden weitermarschieren, bis alles in Scherben fällt, denn heute gehört uns Deutschland und morgen die ganze Welt!« Daraufhin begannen sie mit ihren Pistolen auf die Lampen zu schießen, denn die Offiziere waren alle betrunken. Ich kam mir vor, wie in einem Narrenhaus.

Ich stand wie versteinert da und starrte erschrocken auf die Mannschaft, die aus lauter schwer verwundeten Offizieren bestand. Die einen hatten nur ein Bein, den anderen fehlte ein Arm, einige waren halb oder ganz blind und hatten vernarbte Gesichter. Diese verstümmelten, hoch dekorierten Offiziere, alles große Kerle, fühlten sich einerseits als große Helden, andererseits müssen sie so verzweifelt gewesen sein, dass sie versuchten, sich mit hochgradigem Alkohohl zu betäuben, um ihre schlimme Lage für kurze Zeit zu vergessen. Denn was nützten ihnen jetzt kurz vor der Niederlage ihre Auszeichnungen?

Als mir bewusst wurde, in welch elender Situation sich diese Krüppel befanden, begann ich zum ersten Mal über die Sinnlosigkeit des Krieges nachzudenken.

Ein verlockendes Angebot

Einmal mussten wir jungen Rekruten unter Aufsicht eines Unterscharführers eine Panzersperre errichten. In der Nähe dieser Straße befand sich eine Parkanlage, die von Bäumen und Sträuchern bewachsen war. Während wir mit dem verschlungenen Stacheldraht herumhantierten, bemerkten wir gar nicht, dass wir von tschechischen Mädchen hinter einem Strauch beobachtet wurden. Plötzlich riefen sie zu uns herüber: »Der Krieg ist bald aus, kommt rüber!« Das klang verlockend, aber leider war es nicht realisierbar, denn der Unterscharführer hätte wahrscheinlich nach uns geschossen und den tschechischen Mädchen konnte man auch nicht so ganz trauen.

Die Eskapaden eines Südtiroler Kameraden

In Prag wimmelte es überall von Partisanen, die bei jeder Gelegenheit aus dem Hinterhalt die deutschen Soldaten angriffen und sie umbrachten, wenn sie ihrer habhaft werden konnten. Unter uns jungen Rekruten kursierten die schaurigsten Partisanengeschichten. Die deutschen Soldaten durften des Nachts nur in Fünfergruppen ausgehen. Wir jungen Rekruten blieben deshalb am Abend vorsichtshalber immer in der Kaserne und wagten uns nicht hinaus.

Eines Tages wurde uns jungen Rekruten beigebracht, wie man einen Wald nach Partisanen durchsucht. Wir mussten unter der Anleitung unseres Gruppenführers möglichst geräuschlos ein dichtes Waldstück durchkämmen und dabei voneinander ungefähr zehn Meter Abstand halten. Plötzlich fiel ein Schuss. Wir erschraken nicht wenig, und unser Gruppenführer rief uns durch Zeichen zusammen, aber Egon Pircher aus Göflan fehlte. Wir alle glaubten, dass er von Partisanen erschossen worden sei, und standen verängstigt und ratlos da, auf weitere Befehle wartend. Auf einmal vernahmen wir das Knacken von Ästen, als ob jemand durch ein Gestrüpp schleichen würde. Wir wollten in Deckung gehen, weil wir glaubten, dass ein Partisan uns aus dem Hinterhalt angreifen würde. Während wir aber noch wie erstarrt in die Richtung blickten, aus der das Geräusch kam, trat plötzlich Egon Pircher aus dem Gestrüpp hervor und kam auf uns zu. Erleichtert fragten wir ihn, ob er den Schuss gehört habe. Da sagte er ganz unschuldig: »Ich habe nur auf ein Reh geschossen.« Als wir das hörten, mussten wir heimlich lachen, aber unserem Gruppenführer war nicht nach Lachen zumute, im Gegenteil, ganz fassungslos begann er ihn zurechtzuweisen, indem er sagte: »Das darf doch nicht wahr sein! Bist du wahnsinnig, wir gehen doch nicht auf die Jagd!«

Das war nicht das erste Mal, dass Egon eigenmächtig handelte. Er hatte anscheinend Schwierigkeiten, sich an Vorschriften zu halten, denn als Einzelkind hatte er nie auf jemanden Rücksicht nehmen müssen.

Schon gleich am ersten Tag in Prag, als wir in der Kaserne ankamen, fiel er mit einer »Sondernummer« auf. Wir wurden in den Umkleideraum geführt, wo jeder für sich eine passende Uniform aussuchen konnte. Als wir eingekleidet waren, mussten wir in Reih und Glied im Kasernenhof antreten. Darauf wurde jeder Einzelne von uns genauestens unter die Lupe genommen. Als Egon an die Reihe kam, schaute ihn der Offizier eine Weile schmunzelnd an und schüttelte den Kopf, denn Egon hatte sich eine Uniform mit Schulterstücken eines Unteroffiziers ausgesucht. Dann wies ihn der Offizier zurecht und entfernte ihm die Schulterstücke. Egon war enttäuscht, denn er hatte schon lange davon geträumt, General zu werden und Befehle erteilen zu können.

Jedes Mal, wenn unsere Kompanie singend durch Prag marschierte, öffneten junge Mädchen die Fenster, und ab und zu winkten einige sogar zu uns herab. Das gefiel Egon und er winkte mit der Hand eifrig zurück, weil er sich einbildete, er sei damit gemeint, denn er war ein auffallend strammer Bursche. Für seine Eskapade bekam er von den Offizieren, die uns begleiteten, einen heftigen Verweis, denn was wäre das für ein Bild gewesen, wenn wir alle zurückgewinkt hätten. Schließlich wollte man beim Marschieren mit uns demonstrieren, was für zackige, disziplinierte Soldaten wir waren.

Der Wachaufzug

Eines Tages war in der Heinrich-Himmler-Kaserne kurzfristig hoher Besuch angesagt. Es hätte irgendein General in Begleitung einer Delegation hoher Stabsoffiziere eintreffen sollen. Auf diesen hohen Besuch hin mussten Vorbereitungen getroffen werden. Einige von uns jungen Rekruten, ungefähr acht Burschen, ich war auch dabei, wurden eine ganze Nacht lang auf Wachablöse gedrillt. Wir saßen mit aufgepflanztem Gewehr und Stahlhelm in der Wachstube einander gegenüber, die einen rechts, die anderen links, auf den lauten Befehl unseres Ausbildners wartend. Sobald der Befehl ertönte, mussten wir blitzschnell zum Wachaufzug antreten. Wir wurden von einigen Oberscharführern genau beobachtet, ob uns dabei wohl keine Fehler oder Ungenauigkeiten passierten. Dabei ging es sehr laut her. Jeder, der den Wachaufzug noch nicht genauestens beherrschte, wurde angebrüllt. Dann hieß es wieder abtreten und wieder antreten und den richtigen Gewehrgriff einüben. So ging es die ganze Nacht hindurch, bis wir den Wachaufzug beherrschten.

Die angesagte Delegation traf erst im Laufe des Vormittags dann wirklich ein. Wer alles dabei war, weiß ich nicht.

Auf der Pionierschule

Nach der dreiwöchigen Panzergrenadierausbildung kamen wir nach Radisko auf die Pionierschule.

Radisko war eine kleinere Ortschaft mitten in einem Wald außerhalb von Prag. Die Häuser standen leer, weil die Bewohner wegen der militärischen Übungen, die dort stattfanden, alle evakuiert worden waren. Ich wurde der Kampftruppe Bassel zugeteilt, die aus lauter jungen Rekruten bestand.

Die leer stehenden Häuser wurden unter anderem auch dazu benutzt, um uns beizubringen, wie man suspekte Häuser nach verdächtigen Personen durchsuchen sollte. Einige von uns mussten sich in den Häusern verschanzen oder verstecken und andere Rekruten waren die Angreifer beziehungsweise die Durchsucher. Angreifer oder Durchsucher fingieren wollte ich nicht, deshalb zog ich es vor, mich zu verschanzen und mich suchen oder besser gesagt nicht kriegen zu lassen. Jeder von uns trug ein Gewehr mit Platzpatronen bei sich.

Ich hatte mich auf dem Dachboden eines Hauses so gut versteckt, dass mich niemand finden konnte. Als ich nach langem Warten kurz aus der Dachluke spähte, musste ich feststellen, dass die Angreifer schon bereit waren, ohne mich abzuziehen. Um auf mich aufmerksam zu machen, schoss ich aus der Dachluke in die Luft, und das krachte so gewaltig, dass unser Oberscharführer nicht wenig erschrak, weil er glaubte, ich hätte scharf geschossen. Sofort stieg er zu mir hoch und schrie mich an: »Bist du wahnsinnig geworden? Du darfst doch nicht scharf schießen!« Ich aber war felsenfest davon überzeugt, dass in meinem Gewehr nur eine Platzpatrone gesteckt hatte. Ansonsten, meinte er, hätte ich schon richtig reagiert.

Zwei Tage hätten genügen sollen, um uns die vielen verschiedenen Arten von Minen unterschiedlicher nationaler Herkunft ins Gedächtnis einzuprägen. Wir 17-jährigen Rekruten standen rings um einen großen Tisch, auf dem die verschiedensten Minen lagen. Es wurde uns erklärt, wie man diese Minen anbrachte, wie man sie suchte und entschärfte, was sehr gefährlich war.

Einmal wurden wir auch auf einen richtigen Einsatz geschickt. Uns jungen Rekruten wurde befohlen, ein Nachtlokal nach etwaigen Partisanen zu durchkämmen. Einige von uns mussten ins Lokal gehen, um jeden einzelnen Gast nach Waffen zu durchsuchen. Ich aber zog es vor, draußen auf Vorposten zu stehen, damit niemand abhauen konnte. Zum Glück lief die Säuberungsaktion glimpflich ab, sodass es zu keiner Kampfhandlung und Festnahme kam, weil wir keine verdächtigen Personen unter den Anwesenden des Nachtlokals finden konnten.

Die Maiandacht

Ein anderes Mal mussten wir jungen Rekruten, wir waren ungefähr zehn Burschen, mit unserem Oberscharführer ausrücken, um in einer kleinen Ortschaft wahrscheinlich nach Partisanen zu suchen.

Auf einem Platz in der Nähe einer Kirche machten wir Halt, weil unser Gruppenführer sich von uns kurz entfernen wollte, vielleicht um etwas auszukundschaften. Wir Rekruten hätten hier auf ihn warten sollen. Wie wir so dastanden, vernahmen wir, dass in der Kirche gebetet und gesungen wurde. Das hörte sich so heimelig an, dass in uns das Verlangen erwachte, in die Kirche hineinzugehen. Einer von uns öffnete das Kirchenportal und wir traten alle nacheinander leise in die Kirche ein. Es schien so, als ob die Leute eine Maiandacht hielten. Wir blieben still in voller Kampfausrüstung und Stahlhelm hinten stehen. Wir empfanden ein Gefühl von Geborgenheit, bis unser Oberscharführer auftauchte und uns aus der Kirche hinauspfiff.

Das war unser letzter Kirchenbesuch für lange Zeit.

Das letzte Aufgebot

Diese Ausbildung hätte genügen sollen, um uns an die Front zu schicken. Der Befehl lautete: »Auf nach Berlin, den Kessel öffnen!«

Inzwischen aber war in Prag der Aufstand ausgebrochen, und wir wurden am Ufer der Moldau eingesetzt, um das Übersetzen des Feindes zu verhindern. Mein Gruppenführer erteilte mir den Befehl, in der Nacht als Beobachter auf Vorposten zu stehen und die Feindbewegungen am anderen Ufer der Moldau zu beobachten. Es dauerte nicht lange, da konnte ich 25 Lichter zählen, die auftauchten und wieder verschwanden. Sofort lief ich zum Gruppenführer, der in einer kleinen Fischerhütte mit dem Rest der Truppe zum Angriff bereit wartete, und ich machte Meldung. Ich war kreidebleich und zitterte am ganzen Leib, denn die schaurigsten Geschichten über die unmenschlichen Taten der Partisanen kursierten unter uns. Weil ich vorzeitig den Posten verlassen hatte und wegen ein paar Lichtern so zitterte, stellte unser Gruppenführer Weiss verzweifelt fest, dass man mit ein paar Jungs keine Schlacht gewinnen könne, und er bewahrte uns vor dem Schlimmsten, indem er keinen Gegenangriff mehr wagte.

Als es Tag wurde, flog ein Flugzeug mit einer weißen Fahne über uns vorbei. Unser Gruppenführer glaubte, das könnte ein Zeichen sein, dass der Krieg aus sei. Er schickte einige von uns los mit dem Auftrag auszukundschaften, was sich in der Umgebung alles abspielte und ob Aussicht auf Verpflegung bestehe. Wir waren noch nicht weit gekommen, da begegneten uns drei zerlumpte ältere Wehrmachtssoldaten, die zu uns sagten: »Jungs, geht nach Hause zur Mutter, der Krieg ist aus!«

Wir gingen noch ein Stück weiter und bemerkten in einer Waldlichtung ein Gebäude, vor dem bewaffnete hohe Offiziere mit Frauen in Uniform standen. Wir wagten es nicht, näher hinzutreten und um Auskunft zu bitten, sondern blieben in einiger Entfernung unbeobachtet stehen, um die Lagebesprechung, die sie führten, mit anzuhören. Wir konnten vernehmen, dass sie überlegten, ob sie sich geschlossen durchkämpfen oder lieber den Freitod wählen sollten, anstatt in Gefangenschaft zu gehen, falls kein Durchkommen mehr möglich sein sollte.

Wir kehrten eiligst zurück und meldeten dem Gruppenführer, was wir erfahren hatten.

Glimpflich davongekommen

Es war der 8. Mai 1945, als uns durch dieses Flugzeug mit der weißen Fahne das Kriegsende verkündet wurde. Von da an gab es keine Verpflegung mehr, wir hatten nur noch eine Ration im Sturmgepäck. Nun wurde beraten, ob wir geschlossen oder in kleinen Gruppen den Rückzug antreten sollten.

Max Wieser aus Schlanders, Otto Pircher aus Göflan und ich, Hans Raffeiner aus Laas, gesellten uns zusammen, um den Alleingang aus der Tschechei in Richtung Österreich auf gut Glück zu wagen. Wir setzten uns in eines der Schlauchboote, die am Ufer der Moldau lagen, und ruderten auf die gegenüberliegende Seite des Flusses, die mehr bewaldet war. Drüben angekommen, entfernten wir aus Angst vor den Partisanen die SS-Runen vom Rockkragen und warfen unsere Mützen mit dem Totenkopfabzeichen weg, um zu vertuschen, dass wir SS-Soldaten waren.

Otto trug immer noch eine Eierhandgranate bei sich. Wir zwangen ihn, sie wegzuwerfen.

Nachdem wir eine Weile durch den Wald gewandert waren, holte uns ein Wehrmachtssoldat ein und schloss sich uns an. Er bot uns sogar seine Hilfe als Dolmetscher an, falls wir unter die Partisanen geraten sollten, denn als Sudetendeutscher beherrschte er die tschechische Sprache.

Keiner von uns wusste, welchen Weg wir einschlagen sollten. Wir kamen nicht weit, und eine tschechische Partisanengruppe holte uns ein und brachte uns zu einem Partisanenstützpunkt. Dort wurde beraten, was mit uns geschehen sollte. Wir drei mussten vor dem Hause warten, streng von jungen Partisanen bewacht, während unser Wehrmachtskamerad ins Haus geführt wurde. Wir ahnten nichts Gutes, denn aus dem Gebäude hörten wir bald darauf das jämmerliche Klagen unseres Kameraden, der gefoltert wurde. Auf Grund seiner Herkunft galt er als Kriegsfreiwilliger und somit als Verräter. Diese wurden besonders erbarmungslos verfolgt und gefoltert.

Plötzlich kamen zwei junge tschechische Partisanenmädchen aus dem Vernehmungsgebäude und reichten uns Brot. Nach einem kurzen Wortwechsel mit den Wachen konnten wir aus den Deutungsversuchen der Frauen erkennen, dass sie gewillt waren, uns in die Freiheit zu entlassen. Ein Wachposten zeigte uns durch Handbewegungen die Richtung, die wir einschlagen sollten. Wir machten uns schleunigst aus dem Staub; dabei habe ich in der Eile mein Brot verloren. Eines der Mädchen hob es auf, rannte mir nach und reichte es mir.

Es ist eindeutig, dass diese zwei Mädchen uns das Leben gerettet haben; ich vermute, dass sie die schrecklichen Folterungen nicht mit ansehen konnten und uns dieses Leid ersparen wollten.

Nachdem wir eine Weile gegangen waren, sahen wir in der Ferne ein Gebäude, vor dem auf einem Mast eine weiße Fahne mit einem roten Kreuz flatterte. Wir glaubten, dass es eine Erste-Hilfe-Station sei, in der Verwundete betreut würden.

Wir näherten uns dem Gebäude, vor dem ein Wehrmachtssoldat Wache stand. Wir baten ihn, ob wir etwas zu essen bekommen könnten, weil wir Hunger hatten. Da kam ein zweiter Wehrmachtssoldat aus dem Gebäude und sagte zu uns: »Wir haben selber zu wenig zu essen. Außerdem wollen wir mit der SS nichts zu tun haben.« Wir waren sehr enttäuscht und gingen missmutig weiter.

Sinnloser Endkampf

Bald bemerkten wir, dass in der Ferne noch gekämpft wurde. Ungewollt stießen wir zu einem Rest unserer Kampftruppe, die trotz aussichtsloser Lage noch fanatisch weiterkämpfte. Sie beschimpften uns als Fahnenflüchtige und drohten uns zu erschießen, weil wir sie vorzeitig verlassen hatten. Eingeschüchtert beteuerten wir, keine Fahnenflüchtigen zu sein, sondern dass wir unfreiwillig von den Partisanen der Truppe entrissen worden waren, was sie uns zum Glück glaubten.

Schließlich bekamen wir den Befehl, zu den Waffen zu greifen und in den Endkampf zu ziehen. Für unsere Einheit war jedoch in diesem heillosen Wirrwarr kein Durchkommen möglich.

Von Osten her kamen ganze Karawanen von Flüchtlingen. Wahrscheinlich waren es Schlesier, die sich vor den Russen in Sicherheit bringen wollten. Einer der vielen Pferdewagen war mit kleinen Kindern beladen. Dieser Wagen wurde in dem Trubel an den Straßenrand gedrängt, so dass er umkippte und die Kinder über die Böschung hinunterkollerten. Das jämmerliche Geschrei der armen Kinder ging mir so durch Mark und Bein, dass ich heute noch Gänsehaut bekomme, wenn ich daran denke.

Während die einen alles daransetzten, aus dem Trubel herauszukommen, um sich zu den Amerikanern durchzuschlagen, versuchten andere fanatische Gruppen kampfbereit, das Herannahen der Russen zu verhindern. Immer wieder mussten wir in Deckung gehen, um uns vor dem Kugelhagel zu schützen.

Besonders in der Nacht war es unheimlich, weil starke, bewegliche Scheinwerfer die Nacht so erhellten, dass man sich nicht mehr geschützt fühlen konnte.

Als es einmal von allen Seiten besonders arg krachte, sprang ich in der Verzweiflung in einen Graben, um Schutz zu suchen. Ich landete zu meiner Verwunderung auf etwas Weichem. Ich war auf einen toten Soldaten gesprungen. Mir schauderte vor der Grausamkeit des Krieges.

Als ich mich vom Schrecken etwas erholt hatte und ein Scheinwerfer wieder die Nacht erhellte, bemerkte ich, dass der Tote auf dem Bauch lag und mit seinen Armen einen halben Laib Käse umklammerte, dessen Rinde mit Blut verschmiert war.

Ich nahm den Käse und kroch noch etwas benommen zu meinen Kameraden zurück. Nun wollte jeder ein Stück Käse haben, denn der Hunger war groß.

In unserer Nähe stand ein Sanitätswagen und andauernd hörte man »Sani, Sani!« rufen. Es waren dies Verwundete, die um Hilfe schrien. Die Sanitäter hatten alle Hände voll zu tun.

Als es Tag wurde und wir drei Vintschger mit vielen anderen Kameraden erschöpft von der schlaflosen Nacht in einer Mulde lagen, befanden sich über uns auf der Landstraße immer noch viele Menschen auf der Flucht. Plötzlich sah ich unter ihnen meinen Kameraden Hubert Wallnöfer aus Prad, der bei der Fahrradtruppe war, mit seinem Rad vorbeifahren. Ich rief hinauf: »Hubert, komm herunter!« Kaum gesagt, zerfetzte eine Granate sein Hinterrad, und Hubert kollerte, zum Glück unversehrt, zu uns herunter.

Immer wieder ratterten schwere Panzer an uns vorbei, um vor den herannahenden Russen zu fliehen und zu den Amerikanern zu gelangen. Auch unser Kamerad Egon Pircher aus Göflan saß mit mehreren anderen auf einem Panzer und winkte zu uns herab. Es gelang ihm tatsächlich, den Russen zu entkommen und frühzeitig nach Hause zurückzukehren, wie ich später erfahren konnte.

Sogar eine Wlassowtruppe in voller Kampfausrüstung marschierte singend an uns vorbei in Richtung Westen, um den Russen zu entkommen.

Die Gefangennahme

In dem Chaos war es möglich, dass auch wir uns unbemerkt von unserer Einheit entfernen konnten. Nach tagelangem Herumirren und endlos scheinenden Fußmärschen, getrieben auch vom Sog der Flüchtlingsströme, die dasselbe Ziel hatten, konnten wir uns bis zu den Amerikanern durchschlagen. Als wir die ersten amerikanischen Panzer sahen, die von farbigen Amerikanern gefahren wurden, waren wir heilfroh. Die Amerikaner galten für uns als Retter. Umso enttäuschter waren wir, als sie uns den Russen auslieferten.

Zurück blieben viele Tote und Verwundete und auch solche, die lieber den Freitod gewählt hatten, als in die russische Gefangenschaft zu gehen. An den Kirschbäumen am Straßenrand hingen deutsche Soldaten, die entweder von Partisanen oder von den eigenen Kameraden als Fahnenflüchtige gehängt worden waren. Es war ein grauenvoller Anblick, und die Angst, dass wir schon bald ähnlich enden könnten, war für uns fast unerträglich. Bis heute stelle ich mir die Frage, von wem diese Männer wohl gehängt wurden.

Allein schon die Art, wie uns die Russen behandelten, war schockierend. Zuerst trieben sie uns wie Tiere ins Waldlager Bistritz, wo wir auch bei Regenwetter unter freiem Himmel logieren mussten.

Auch im Lager Rudelitz, wohin man uns bald darauf brachte, hatten wir kein Dach über dem Kopf. Wir bekamen nur ganz wenig zu essen und zu trinken, sodass wir immer schwächer wurden.

Marsch nach Brünn

Nach ein paar Wochen Aufenthalt in Bistritz und Rudelitz mussten wir nach Brünn marschieren. Wenn auf dem Weg dorthin einer von uns vor lauter Erschöpfung nicht mehr marschieren konnte, wurde mit dem Gewehrkolben nachgeholfen, um ihn zum Weitermarschieren zu zwingen. Wer keine Kraft mehr hatte, bekam einen Genickschuss.

Rechts und links von der Straße standen Rotarmisten und hielten Ausschau nach verdächtigen Personen. Neben mir marschierte mein Kamerad Otto Pircher. Plötzlich drang ein Rotarmist in unsere Kolonne ein, langte nach Otto, hielt ihn für kurze Zeit am Arm fest, musterte auffallend scharf sein Gesicht und tat so, als wolle er ihn aus der Kolonne zerren. Als der Rotarmist merkte, dass mein Kamerad kein Donkosak sein konnte, ließ er ihn los, und Otto konnte wieder mit uns weitermarschieren.

Die Donkosaken wurden von den Rotarmisten fieberhaft gesucht, weil sie als Freiwillige in der Wlassowarmee auf deutscher Seite gegen die Russen gekämpft hatten. Wahrscheinlich wurde Otto zunächst für einen Freiwilligen der Wlassowtruppe gehalten. Diese wurden von den Rotarmisten auf der Stelle erschossen.

Die Rotarmisten forderten uns auf zu singen. Die ersten Worte, die wir auf Russisch hörten, hießen: »Dawaj piesni!«, das bedeutet: »Los, singen!«

Unser Kompanieführer, der die Riesenkolonne anführte, rief: »Dann wollen wir mal singen! Fürs Erste marschiert man leichter und fürs Zweite stirbt man leichter.«

Wir sangen das Lied »Weit ist der Weg zurück ins Heimatland.« Es passte gut, denn wir marschierten ostwärts, immer weiter von der Heimat weg.

Vom Orkan überrascht

Wie wir so dahinmarschierten, verdüsterte sich der Himmel und bald darauf begann es heftig zu regnen und zu hageln. Als immer dickere Hagelkörner auf uns niederprasselten, verließen wir fluchtartig die Landstraße und flüchteten in einen Wald am Straßenrand, um unter den Bäumen Schutz zu suchen. Plötzlich brauste ein orkanartiger Sturm über den Wald hinweg, entwurzelte Bäume, knickte Äste, sodass wir in Panik und Todesangst gerieten, weil die herabfallenden Zweige und Äste uns zu erschlagen und unter sich zu begraben drohten.

Als sich der Sturm nach einiger Zeit des Bangens und Schreckens gelegt hatte, sah der Wald verheerend aus.

Kahle Baumstümpfe ragten aus dem Gestrüpp hervor wie nach einem Kahlschlag. Nun versuchten auch wir uns aus dem Wirrwarr von Reisig und Gestrüpp zu befreien. Wir krochen wie die Ameisen einer nach dem anderen aus dem Gestrüpp hervor und wurden von den Rotarmisten zum Weitermarschieren wieder auf die Landstraße getrieben.

Es gab aber auch Leicht- und Schwerverletzte unter uns. Die Leichtverletzten wurden von den russischen Bewachern mit dem Gewehrkolben zum Weitermarschieren gezwungen, die Schwerverletzten wurden ihrem Schicksal überlassen und mussten nach Hilfe rufend zurückbleiben.

Während wir total durchnässt weitermarschierten oder besser gesagt weiterhumpelten, hörten wir noch eine Weile die Hilferufe unserer zurückgebliebenen verletzten Kameraden. Je weiter wir uns vom Unglücksort entfernten, desto mehr verstummte ihr klägliches Gewimmer.

Es ist schlimm, wenn man Kameraden, die dringend Hilfe bräuchten, nicht helfen darf. Was wird wohl aus ihnen geworden sein?

Eine verzweifelte Aktion

Allmählich verzogen sich die Wolken, die Sonne kam wieder zum Vorschein und trocknete im Weitermarschieren unsere nassen Kleider. Unser Magen knurrte vor Hunger, denn wir hatten in den letzten Tagen kaum etwas zu essen bekommen. Ich fühlte mich so geschwächt, dass ich nur mehr so dahintaumelte.

Als wir an einem Wohnhaus vorbeikamen, gab ich mir einen Ruck, raffte meine letzte Kraft zusammen, trat eiligst aus der Kolonne und verschwand in diesem Haus. Drinnen saßen mehrere Leute um einen großen Tisch und aßen so eine Art Buchteln.

Als sie mich sahen, erschraken sie nicht wenig. Ich starrte gierig auf die Buchteln, und das Wasser rann mir im Munde zusammen. Plötzlich schoben sie mir den Teller her, da packte ich eine Buchtel und steckte sie in den Mund. Während ich mir die Rocktaschen mit Buchteln vollstopfte, trat ein Rotarmist mit aufgepflanztem Gewehr ins Haus, um mich zu suchen. Einen Augenblick lang stand ich wie erstarrt da, dann aber verließ ich fluchtartig das Haus, um mich wieder in die marschierende Kolonne einzureihen.

Als meine Kameraden meine mit Buchteln vollgestopften Taschen bemerkten, fielen sie über mich her und nahmen mir alle ab, denn sie waren genauso hungrig wie ich. Nur die Buchtel, die ich gerade kaute, konnten sie mir nicht mehr nehmen.

Als der Rotarmist aus dem Hause trat, konnte er mich nicht mehr finden, denn ich marschierte oder besser gesagt ich schleppte mich so wie die anderen Gefangenen bereits mühsam und unauffällig weiter.

Unkraut und Bratkartoffeln

Der Marsch nach Brünn dauerte ein paar Tage. Wenn es dunkelte, wurden wir in eine Wiese am Straßenrand hineingetrieben, wo wir dann auf dem Rasen unter freiem Himmel übernachteten bis zum nächsten Morgengrauen, als uns die Rotarmisten wieder zum Weitermarschieren zwangen. Wenn wir auf einer Wiese übernachten mussten, suchten wir nach essbaren Gräsern wie Sauerampfer und Löwenzahn, um unseren Hunger zu stillen.

Einmal, als es nach einem Tagesmarsch wieder dunkel wurde, gerieten wir auf ein Ackerfeld, um zu übernachten. Zu unserem Erstaunen war es ein Kartoffelfeld, wo erst vor kurzer Zeit die Kartoffeln gesetzt worden waren. Wir zogen die kleinen Kartoffelpflänzchen aus der Erde und wühlten wie die Maulwürfe nach den frisch gesetzten Kartoffeln. Unweit vom Kartoffelfeld machten einige Kameraden ein Lagerfeuer, wo wir die Kartoffeln hineinlegten, um sie ein wenig zu braten. Nach tagelangem Hungern schmeckten uns die halbgegarten Kartoffeln wie eine königliche Mahlzeit. Als wir am nächsten Morgen das Feld verließen, sah der Kartoffelacker aus wie frisch gerodet.

Wenn die Nerven durchgehen

Als wir aufbrachen, traf es mich, neben einem großen, kräftigen Landser zu marschieren. Der Sprache nach muss er aus Bayern gewesen sein. Er schob mich vom äußeren Rand der Kolonne in die Mitte hinein, weil er glaubte, dass ich als junger Spund dort sicherer wäre. Wenn wir durch bewohnte Ortschaften getrieben wurden, »begrüßte« uns die Bevölkerung mit Schmährufen.

Der Mitgefangene aus Bayern trug einen schweren Rucksack, auf den er Mantel und Rock aufgebunden hatte. Sein Hemd klebte blutverkrustet an seiner Brust. Er zog das Hemd mit beiden Händen immer wieder nach vorne, um es von der Brust zu lösen. Sicher war er während der letzten Kampfhandlungen im Brustbereich verletzt worden.

Wie wir uns so mühsam weiterschleppten, lief ein kecker tschechischer Junge neben uns her und schrie voll Hass unentwegt: »Nazischweine, Nazischweine!« Plötzlich gingen dem Kameraden aus Bayern die Nerven durch. Er packte den Jungen, hob ihn auf und warf ihn in die Wiese am Straßenrand. Ich erschrak, weil ich die Rache der Rotarmisten fürchtete, aber diese lachten nur darüber.

Ankunft in Brünn

Für die Rotarmisten, die uns bewachen mussten, war es nicht leicht, uns alle im Zaum zu halten, denn es waren schätzungsweise an die vierzigtausend Mann, die in der endlosen Kolonne marschierten.

Immer wieder hörten wir Schüsse, die von unseren Bewachern abgefeuert wurden, entweder um uns Angst einzujagen oder weil manch einer von uns abzuhauen versuchte.

Nach tagelangem, mühsamem Marsch kamen wir endlich in Brünn an. Als wir durch die Stadt marschierten, wurden wir von der tschechischen Bevölkerung mit Steinen beworfen, beschimpft und angespuckt. Manche von uns wurden mit heißem Wasser übergossen, das aus den Fenstern herabgeschüttet wurde. Als wir die Stadt Brünn durchquert hatten, gelangten wir zu einem Gebäudekomplex, der aus mehreren Kasernen bestand, in denen wir untergebracht wurden. Nun hatten wir endlich wieder ein Dach über dem Kopf und trockenen Boden unter den Füßen. Wir bekamen sogar jeden Tag eine Mahlzeit, die aus einer dünnen Suppe und einem Stück Brot bestand.

Die Kasernen waren von Maulbeerbäumen umgeben, an denen reife Maulbeeren hingen. Manche von uns, die noch die nötige Kraft zum Kraxeln besaßen, verbrachten die Freizeit auf den Maulbeerbäumen und genossen die süßen Früchte. Zum Sattwerden reichte es zwar nicht, aber ein paar Vitamine waren es doch.

Die kurze Zeit in Brünn wäre schon auszuhalten gewesen, wenn uns nicht die Angst vor der ungewissen Zukunft so geplagt hätte. Unter den Gefangenen wurde nämlich das Gerücht verbreitet, dass die Mitglieder der Waffen-SS in ein Straflager nach Sibirien verbannt werden sollten. Daher distanzierten sich die Soldaten der Wehrmacht von uns, was uns nicht wenig schockierte und noch mehr Angst einjagte.

Die Fahrt nach Focşani

Nach ein paar Wochen Aufenthalt in Brünn wurden wir in Viehwaggons gesteckt, eingepfercht wie die Sardinen, und so ging es in Richtung Rumänien. Es war Juli und unerträglich heiß in den Waggons.

Als der Zug auf freier Strecke einmal anhielt, um an einem Wasserhydranten für die Lokomotive Wasser zu tanken, ließen uns unsere Bewacher kurz aussteigen, um unsere Notdurft zu verrichten. Bevor der Lokführer frisches Wasser tankte, ließ er das alte, warme Wasser aus der Lok auslaufen. Da rannten wir alle hin und tranken das Wasser, um unseren Durst zu löschen.

Das Wasser muss nicht trinkbar gewesen sein, denn alle, die davon tranken, bekamen die Ruhr. Auch mich hat es schwer erwischt.

Bevor wir wieder in die engen Waggons einsteigen mussten, hielt mir eine russische Frau in Uniform im Rang eines Unteroffiziers, die unseren Transport begleiten musste, ein Stück Speck unter die Nase. Als ich danach langte, schlug sie mir den Speck um das Gesicht und lachte hämisch.

Ankunft in Focşani

Als wir nach der strapaziösen Fahrt, die ein paar Tage gedauert hatte, erschöpft und ruhrkrank in Focşani ankamen, waren wir zudem noch alle wund vom Herumliegen in den Waggons.

Es gibt ein Buch mit dem Titel »Die Hölle von Focşani!«, das die Situation der Gefangenen im Durchgangslager Focşani beschreibt. Ich habe das Buch nicht gelesen, kann mir aber nicht vorstellen, dass die Hölle, falls es eine gibt, schlimmer sein kann, als das, was wir im Auffanglager Focşani erlebt haben. Fast alle Gefangenen, die man nach Russland verschleppen wollte, kamen in dieses Lager und wurden von Focşani aus in die verschiedenen Richtungen Russlands weitergeleitet.

Wir hatten in Focşani einen ganzen Monat Aufenthalt. Diese Zeit benötigte die gefürchtete russische Geheimpolizei, genannt NKWD, um die vielen Gefangenen, es waren davon einige Tausend, zu sortieren nach der Schwere ihrer Verbrechen, die sie nach Meinung der Geheimpolzei begangen haben mussten, wenn sie zu einer bestimmten Einheit gehört hatten. Es war ein riesiges Lager ohne sanitäre Infrastrukturen. Wir wurden in einer baufälligen, großen Reithalle untergebracht, so weit der Platz reichte; die meisten aber mussten Tag und Nacht im Freien verbringen.

Das Dach der Reithalle war zwar dicht, aber die vielen Fenster waren nicht verglast, sodass im Inneren immer Zugluft herrschte. In der Nacht mussten wir auf dem harten Betonboden liegen, dabei waren wir von der langen Fahrt hierher noch ganz wund.

Hinter der Reithalle befanden sich unsere Latrinen. Das waren tiefe Gruben ohne Geländer. Der Großteil der Gefangenen hatte die Ruhr, sodass wir oft zwanzigmal am Tag zu den Latrinen kriechen mussten, da wir vor lauter Erschöpfung nicht mehr aufrecht gehen konnten. Einige Kameraden fielen vor lauter Schwäche rücklings in die Gruben und versanken im Morast.

Niemand hatte noch die Kraft und auch die Möglichkeit, sie herauszuholen; und unsere russischen Bewacher fühlten sich nicht verpflichtet, diese Drecksarbeit für die Gefangenen zu verrichten.

Die Ruhr, diese heimtückische Durchfallkrankheit, hat so manchen Gefangenen dahingerafft. Mit ärztlicher Hilfe hätten sicher viele gerettet werden können. Auch ich fühlte mich so elend, dass ich fast sehnsüchtig auf das Ende wartete. Aber kurz vor dem »Verrecken« reichte mir ein Kamerad ein Stück Holzkohle, die ich zwar widerwillig kaute und schluckte, die mir aber vermutlich das Leben rettete. Langsam erholte ich mich wieder.

Nun mussten alle, welche die Ruhr einigermaßen überstanden hatten, für Propagandazwecke einen Parademarsch tagelang einüben und dann auf einem großen Platz der russischen Generalität vorführen.

Der Parademarsch wurde gefilmt und in der russischen Wochenschau ausgestrahlt unter dem Titel: »Die geschlagene deutsche Armee.«

Nach einem Monat Aufenthalt in Focşani kam eine russische Kommission ins Lager und machte uns alle oberkörperfrei antreten, um herauszufinden, wer bei der Waffen-SS gewesen war, was wegen der unter dem Arm eintätowierten Blutgruppe leicht feststellbar war.

Zuvor hatten wir zwar versucht, die Eintätowierung mit Nadelstichen unkenntlich zu machen, aber leider gelang es uns nicht. Im Gegenteil, mein ganzer Arm hatte sich entzündet, was mir ein paar Tage schwer zu schaffen machte.

Diejenigen, welche die Blutgruppe eintätowiert hatten, wurden herausgeholt und ins Nebenlager gesteckt. Es waren an die zweitausend Männer, darunter auch ich.

Die Fahrt nach Russland

Nach ein paar Tagen steckte man uns, eng eingepfercht und schwer bewacht, in Viehwaggons, und ab ging es in Richtung Russland.

Auf der wochenlangen Fahrt von Focşani in Rumänien bis Rustavi im Südkaukasus befanden wir uns in einem elenden, schwer zu beschreibenden Zustand.

Das eintönige Geratter der Räder wurde ab und zu unterbrochen von stundenlangem Warten auf Abstellgleisen. Einige von uns standen an den kleinen Fenstern und spähten hinaus, konnten aber nicht herausfinden, wo wir uns befanden.

Die Ungewissheit, die Langeweile, das monotone Geratter der Räder, die Platzangst in den engen Waggons, der Hunger, der Durst, der Gestank und das Ungeziefer zehrten an unseren Nerven und machten uns gesundheitlich und moralisch so fertig, dass wir den Tod als Erlösung empfunden hätten.

Mit der Zeit wurden wir so apathisch, dass wir uns gegenseitig gleichgültig wurden. Ohne diesen apathischen Zustand wären vielleicht manche von uns verzweifelt oder übergeschnappt. Die meiste Zeit verbrachten wir liegend auf dem harten Boden, weil uns zum Stehen die Kraft fehlte. Es war aber nicht für alle gleichzeitig Platz genug zum Liegen. Einige mussten stehen oder in der Hocke sitzen. Wir vegetierten teilnahmslos und hoffnungslos dahin, ohne zu jammern und zu klagen.

In der Mitte des Waggons befand sich ein Loch im Boden, das wir als Plumpsklo benutzen mussten und das uns die Luft verpestete. Wenn einer im Halbdunkel oder in der Dunkelheit zum Loch gelangen wollte, musste er über die liegenden Kameraden steigen oder kriechen. Da konnte es passieren, dass man einem Kameraden auf den Kopf oder den Bauch trat. Wenn dann einer kurz laut aufschrie, wusste man, dass er noch lebte.

Die Kameraden, die an der Ruhr erkrankt waren, hatten oft nicht mehr die Kraft, bis zum Loch zu kriechen. Sie lehnten später auch das bisschen Essen ab, das aus ein paar gekochten Maiskörnern und aus verschimmeltem Brot bestand; davon profitierten die anderen, die noch einen Funken Lebenskraft in sich verspürten.

Das Essen wurde uns durch einen kleinen Türspalt überreicht. Zum Trinken gab es auf der ganzen Fahrt nichts. Ich konnte nicht mehr klar denken und hatte das Gefühl auszutrocknen. Aber niemand kümmerte sich um uns, denn wir waren ja nur Gefangene ohne Rechte, die man ruhig krepieren lassen konnte.

Wenn es während der Fahrt zufällig einmal regnete, standen die, welche noch stehen konnten, an einem der vier kleinen Fenster, schoben die Hand durch die Gitterstäbe und schlürften dann die paar Tropfen Regenwasser von der Hand oder leckten die nasse Hand ab.

Auf dem Bahnhof von Amawier, wo wir anhielten, stand neben unserem Gleis ein weiterer vergitterter Gefangenentransport. Einer von meinen Kameraden rief durch das Gitterfenster hinüber: »Sind auch Südtiroler unter euch?« Wir bekamen zur Antwort: »Auf der Fahrt hierher ist ein Südtiroler namens Riedl gestorben.« Es konnte nur ein gewisser Riedl aus Lichtenberg sein, der noch in Brünn mit einigen meiner Kameraden zum Zeitvertreib Karten gespielt hatte.

»Der hat es geschafft!«, dachte ich mir. »Wer weiß, was uns noch bevorsteht.«

Ankunft in Rustavi

Die Reise nach Russland dauerte einige Wochen, bis wir endlich am 12. Oktober 1945, am Tag vor meinem 18. Geburtstag, in Rustavi im Südkaukasus ankamen. Diese Gegend wurde von den Russen das Todestal genannt, wahrscheinlich wegen der Malaria, die früher hier viele Todesopfer gefordert hatte.

Wir sahen nur Steppe, Wachttürme und Stacheldraht.

In der Umgebung von Rustavi befanden sich drei große Lager. Jedes davon bestand aus mehreren Baracken, in denen die Kriegsgefangenen untergebracht wurden. Otto Pircher, Max Wieser und ich wurden dem Lager 3 zugeteilt. Dieses hatte zunächst die Lagernummer 181/1 und später die Nummer 7181/3.

Jedes der drei Lager war von zwei hintereinander angeordneten hohen Eisengitterzäunen umgeben, die unüberwindbar waren. Über dem schweren Eingangstor aus Eisengitterstäben befand sich ein eiserner Rundbogen mit dem Sowjetstern samt Sichel und Hammer und mit dem Bild von Stalin, neben dem zwei rote Fähnchen flatterten.

Nun wussten wir, dass wir so schnell nicht nach Hause kommen würden, falls wir die Strapazen überhaupt überleben sollten.

Besonders hoffnungslos sah es für die Totenkopfstandarte aus. Man vermutete, dass wir mindestens fünfundzwanzig Jahre lang in diesem Straflager bleiben müssten.

Von den zweitausend Gefangenen waren nur noch 55 Männer arbeitsfähig, darunter auch Max Wieser und ich. Otto Pircher war nur noch reif fürs Krankenrevier.

Man brachte uns arbeitsfähigen Männer in den Urwald nach Karaiassi in Aserbaidschan.

Erlebnisse im Urwald

Die Arbeiten, die wir im Urwald verrichten mussten, waren für unsere von der langen Reise geschwächten Körper viel zu schwer. Wir mussten dicke, uralte Eichen fällen, mitten im Dickicht mit ganz primitiven Arbeitsgeräten und angetrieben von Mongolensoldaten, die von uns Höchstleistungen verlangten. Weil wir nie die Norm erfüllen konnten, bekamen wir nur die mindeste Brotration.

Einmal im Monat brachte uns der Verpflegungs-Lkw die Lebensmittelrationen. Wir bekamen zum Beispiel einen Monat lang eine fast ungenießbare Mehlsuppe ohne Salz und pro Tag 450 Gramm Brot.

Beim nächsten Transport brachte der Lkw Hirse, und wir mussten täglich Hirsesuppe essen. So ging es sechs Monate lang weiter. Vor lauter Hunger suchten wir im Urwald nach etwas Essbarem. Wir sammelten Pilze und Beeren und niemand wusste, ob sie essbar waren. Wir aßen mit Vorliebe Süßholzwurzeln und manche Gefangene verzehrten sogar gelbe, dicke Holzwürmer.

Weihnachten im Urwald

Einmal, es muss um die Weihnachtszeit gewesen sein, hat uns der Lkw im Stich gelassen. Schon seit Tagen konnte uns der Koch keine Suppe mehr zubereiten, und auch das Brot war längst fertig. Wir waren ohne Kraft und konnten nicht mehr arbeiten. Wir saßen stumm im Zelt und warteten vergebens auf das Motorengeräusch des Lastwagens, der uns die Lebensmittel bringen sollte.

Als es im Zelt dunkel wurde, unterbrach ein Kamerad das Schweigen und stimmte das Lied »Stille Nacht, heilige Nacht« an. Nach und nach sangen alle mit. Es klang so herzergreifend, dass uns die Tränen kamen, die wir in der Dunkelheit voreinander zu verbergen versuchten. Das Lied endete in einem leisen Wimmern und Schluchzen, denn es überkam uns ein unsagbares Heimweh.

Für kurze Zeit hatten wir den Hunger vergessen, aber bald meldete er sich wieder, sodass wir nicht einschlafen konnten. Plötzlich vernahmen wir ein leises Motorengeräusch aus der Ferne. Wir warteten eine Zeitlang, aber das Geräusch kam nicht näher, sondern blieb immer gleich still, und ab und zu verstummte es ganz. Als wir das Motorengeräusch wieder hörten, entschlossen sich einige Kameraden, die noch einen Funken Lebenskraft in sich verspürten, zu denen auch ich gehörte, mit zwei Mongolen dem Geräusch entgegenzugehen. Zum Glück schien der Mond, der uns durch das Dickicht leuchtete. Als wir endlich in der Ferne den Lastwagen erblickten, waren wir überglücklich. Er steckte bis zu den Achsen im Schlamm, weil das Gelände sumpfig war, und kam nicht mehr weiter. In dieser Gegend war der Urwald nicht mehr so dicht. Als wir den Lkw erreichten, war auch der Fahrer sichtlich erleichtert, denn er war ganz verzweifelt, weil er nicht wusste, wie er aus dem Sumpf herauskommen sollte. Zuerst verschlang jeder von uns ein Stück Brot, dann ging es an die Arbeit. Wir warfen Äste in den Sumpf, damit die Räder festen Boden bekamen.

Als der Lastwagen dann endlich unser Lager erreichte, atmeten alle Gefangenen und auch unsere Wachmannschaft erleichtert auf, denn manche von uns hatten schon mit dem Hungertod gerechnet.

Auf der Rückfahrt nahm der Fahrer wieder einige Schwerkranke mit ins Hauptlager, sodass wir bei der Arbeit immer weniger waren.

»Exkursion« in einer Vollmondnacht

Bei der Suche nach dem Lastwagen konnten wir herausfinden, dass dort, wo wir das Gefährt fanden, der Urwald immer schütterer wurde. Wir schlossen daraus, dass in der Nähe vielleicht Siedlungen sein könnten.

In einer Vollmondnacht schlichen sich einige von uns, darunter auch Max Wieser und ich, aus dem Lager, um dieses Gelände auszukundschaften. Jeder von uns trug einen Stock bei sich wegen der Schakale, die uns hätten angreifen können.

Nach langem Suchen fanden wir Kraut- und Rübenfelder, die zwar abgeerntet waren, wo aber da und dort noch ein Krautkopf stand oder ein paar gelbe Rüben und Radieschen aus der Erde guckten. In der Nähe war tatsächlich eine Siedlung mit ein paar kleinen Häuschen, die von bellenden Hunden bewacht wurden. Auf das Hundegebell hin tauchte plötzlich ein berittener Feldhüter auf und galoppierte eine Runde durch die Felder. Wir warfen uns zu Boden und rührten uns nicht, bis er wieder verschwunden war. Dann stopften wir unsere Taschen eiligst mit Radieschen und gelben Rüben voll. Jeder von uns nahm noch einen Krautkopf mit und wir verschwanden lautlos im Urwald. Gegen Morgen erreichten wir wieder unser Zeltlager, glücklich darüber, dass die Wachmannschaft unsere Abwesenheit nicht bemerkt hatte.

Mein Freund Max und ich waren die Jüngsten in diesem Lager. Die Mongolen, unsere Wachmänner, berücksichtigten dies, indem sie uns manchmal ihre Kochtöpfe ausschlecken ließen, nachdem sie gegessen hatten. Wir waren ihnen sehr dankbar für diese kleine Zubuße.

Kampf ums Überleben

Im Februar fanden wir die ersten Schildkröten und kochten sie; das war unsere Rettung. Neben unserem Lager floss ein Bach vorbei, den ich einmal überquerte, um am anderen Ufer nach etwas Essbarem zu suchen. Es war mühsam, im unwegsamen Gestrüpp weiterzukommen. Mit großer Mühe gelangte ich zu einem Nussbaum. Während ich Nüsse suchte, stand plötzlich ein

Wildschwein vor mir. Ich erschrak und flüchtete, so schnell es im dichten Gestrüpp möglich war. Zum Glück rannte auch das Wildschwein davon und verfolgte mich nicht. Vielleicht hatte es noch nie so ein zerlumptes Wesen wie mich gesehen.

Wir mussten neun Monate lang die gleichen Kleider tragen, ohne dass sie jemals gewaschen wurden. Wir waren total verlaust. Nach und nach wurden immer mehr Kameraden arbeitsunfähig, weil sie an Wassersucht erkrankten. Ihr ganzer Körper war voll Wasser, so dass sie sich nur mühsam fortbewegen konnten. Beim Gehen hörte man das Wasser im Bauch schwabbeln. Die Kranken mussten ausharren, bis der Lkw kam, der uns einmal im Monat die Lebensmittel brachte. Auf dem Rückweg nahm er die schwer kranken Gefangenen mit und lieferte sie ins Hauptlager. Ob sie überlebt haben oder nicht, konnten wir nicht erfahren; jedenfalls haben wir sie während der ganzen Kriegsgefangenschaft nie mehr gesehen.

Das Leben im Urwald war von einer Eintönigkeit sondergleichen. Jeden Tag dieselbe Arbeit, derselbe Hunger, derselbe Kampf ums Überleben. Es gab keinen Sonntag, somit auch keinen Ruhetag. Wir hatten keinen Kalender und folglich keine Zeitorientierung. Als die Lebensmittel, die uns der Lkw gebracht hatte, zu Ende gingen, wussten wir, dass wieder ein Monat vorüber war.

Gleichzeitig mit uns lebten auch ungarische Kriegsgefangene im Urwald. Es waren dies hauptsächlich Offiziere, mit denen wir ganz gut harmonierten. Sie brauchten aber nicht lange im Urwald zu bleiben, sondern kehrten bald ins Hauptlager zurück, von wo sie dann schon bald nach Hause entlassen wurden.

Die Schakalplage

Was uns das Urwaldleben auch zur Hölle machte, war die Schakalplage. Wenn es des Nachts in unserem Lager ruhig war und wir uns im Zelt auf den Boden zur Nachtruhe gelegt hatten, wurden die Schakale munter und begannen zu heulen, so laut, dass wir nicht einschlafen konnten. Vor dem Zelt machten wir jeden Abend ein Lagerfeuer, um diese lästigen Tiere, die scharenweise unser Lager bedrohten, von uns fern zu halten.

Wenn einer von uns in der Nacht austreten wollte, um die Notdurft zu verrichten, musste er sich mit einem Stock bewaffnen, um sich vor den zudringlichen Schakalen zu verteidigen.

Wenn sie besonders hungrig waren, drangen sie sogar in unser Zelt ein, nagten den schlafenden Gefangenen die Schuhe an oder nahmen Kochgeschirr mit. Manche meiner Kameraden bevorzugten es, im Freien neben dem Lagerfeuer zu schlafen, wegen des Ungeziefers, das uns im Zelt plagte. So lange das Feuer brannte, hielten die grausigen Schakale Abstand, aber sobald das Feuer zu später Stunde erlosch, kamen sie näher und begannen an den Schuhen der Schlafenden zu nagen. Sobald sich die Angegriffenen bewegten, rannten die scheuen Tiere davon. Ab und zu schossen die russischen Wachen in ein Schakalrudel. Am nächsten Morgen war aber nie ein totes Tier zu sehen. Anscheinend fressen sie sich auch gegenseitig auf.

Maiskörner als willkommene zusätzliche Nahrung

Gegen Ende März wurde das Eichenholz, das wir gefällt und zu Scheitern gespalten hatten, die einen Meter lang waren, auf einen Lastkraftwagen geladen und nach Karaiassi gebracht.

Einige von uns mussten mitfahren und beim Abladen helfen. Ich war auch dabei. Auf dem Bahnhof von Karaiassi musste das Holz auf einen Güterzug umgeladen werden. Während wir diese Arbeit verrichteten, bemerkte einer von uns, dass in dem Schuppen, an dem wir vorbeigehen mussten, Maiskolben waren. Er zwängte die Bretter an einer Stelle mit einem Stück Holz auseinander, sodass man mit der Hand durch den Spalt hineinlangen konnte. Jeder nutzte die Gelegenheit, im Vorbeigehen einen Maiskolben herauszuholen. Wir warfen die Maiskolben unauffällig auf den Lastwagen, wo sie einige von uns in einer Ecke verstauten und mit einer zerrissenen Tarnjacke bedeckten.

Als wir mit dem Holzumladen fertig waren und uns hinten auf der Ladebrücke sitzend auf dem Rückweg befanden, rieben wir die gut getrockneten Körner von den Maiskolben und steckten uns damit die Hosen- und Rocktaschen voll, soweit sie nicht schon durchlöchert waren. Die leeren Kolben warfen wir vom Lastwagen. Unsere mongolischen Bewacher vorne in der Kabine, die uns begleiten und überwachen mussten, hatten anscheinend davon nichts bemerkt oder sie taten nur so, als hätten sie nichts mitbekommen, weil sie wussten, dass wir Hunger hatten.

In unserem Urwaldlager angekommen, machten wir uns an die Arbeit, die Maiskörner zu zerkleinern. Wir legten sie nach und nach auf eine Steinplatte und zerquetschten sie mit einem runden Stein, so wie es die Urmenschen gemacht hatten.

Unser Koch bereitete uns mit den zerquetschten Maiskörnern einen wohlschmeckenden Brei, den wir alle gemeinsam mit Hochgenuss verzehrten.

Das praktizierten wir jedes Mal, wenn wir Holz nach Karaiassi bringen mussten, bis alle Holzstapel, die wir im Laufe der sechs Monate gefällt hatten, geliefert waren.

Am 10. April 1946 wurde endlich unser Urwaldlager aufgelöst, und auch wir kamen wieder ins Hauptlager Rustavi zurück. Von den 55 Gefangenen waren nur noch 32 Männer übrig geblieben, die restlichen waren wohl umgekommen.

Der Schakalberg

Im Jahre 1946 gab es in den drei Lagern, die sich in Rustavi befanden, unter den Gefangenen ein Massensterben. Viele meiner Kameraden kamen schon so geschwächt von den Strapazen der Reise in Rustavi an, dass sie sich nie mehr erholten und im Krankenrevier so langsam dahinsiechten, ohne ärztliche Hilfe, bis zu ihrem Ende. Eine russische Ärztin, die wir wegen ihres freundlichen Wesens den »Engel von Rustavi« nannten, konnte den Kranken nicht helfen, weil sie keine Medikamente zur Verfügung hatte. Manchmal weinte sie, wenn wieder einer starb, dem man mit Medikamenten wohl hätte helfen können.

Die Toten wurden auf einen Wagen geladen und von OK-Gefangenen zum Schakalberg gebracht. Die OK-Gefangenen waren Männer, die ohne Kraft waren und andere schwere Arbeiten nicht verrichten konnten.

Auf dem Schakalberg mussten sie ein Grab schaufeln und die Toten begraben. Es war ein Gefangenenfriedhof ohne Grabkreuze und ohne Namen. Da die Totengräber ohne Kraft waren, konnten sie keine tiefen Gruben schaufeln. Bevor sie die Toten verscharrten, zogen sie ihnen die Schuhe oder Jacken aus, falls diese noch brauchbar waren.

In der Nacht kamen die Schakale und scharrten, um ihren Hunger zu stillen, die Toten wieder aus. Auf dem Schakalberg soll es grausig ausgesehen haben, denn überall lagen Totenschädel und Knochen herum, die nebenbei noch einen fürchterlichen Gestank verbreiteten – laut Bericht der OK-Männer.

Erlebnisse in Saganlug

Als wir vom Urwaldlager nach Rustavi zurückgekehrt waren, kamen wir wieder mit Otto Pircher zusammen. Es dauerte nicht lange, da wurde wieder eine Brigade von neunzig Mann zusammengestellt, darunter waren auch Max Wieser und ich. Wir hatten die Aufgabe, aus einer Steppe ein riesiges Maisfeld zu roden, das von der Kura her über einen Graben bewässert werden konnte. Diese Steppe war ungefähr 30 km vom Hauptlager entfernt. Zuerst wurden zwei große Zelte aufgestellt, die uns als Unterkunft dienten. Daneben stand ein Wachtturm, von dem aus des Nachts unser Lager von einem Rotarmisten überwacht wurde. Stacheldrahtumzäunung gab es hier keine. Oberhalb unseres Lagers stand auf einer leichten Anhöhe eine Baracke für unsere russischen Vorgesetzten, von der aus sie unser Lager gut übersehen konnten. Während die anderen unter Aufsicht von Rotarmisten mit Roden beschäftigt waren, bekam ich den Auftrag, aus der in der Nähe liegenden Großfarm Saganlug mit einem Panjewagen Trinkwasser herbeizuschaffen.

Der Panjewagen war ein zweirädriger kleiner Wagen mit einem Sitzbrett vorne. Dahinter stand ein hundert Liter fassendes Blechfass mit einem Deckel. Der Wagen wurde von einem Pferd gezogen. In dieser Steppe liefen mehrere halbwilde Pferde umher, und jedes Mal, wenn ich Wasser holen ging, musste vorher ein Pferd eingefangen werden. Dabei war ich auf die Hilfe einiger Kameraden angewiesen, denn die Pferde ließen sich nicht gerne fangen. Sie kamen uns mit offenem Rachen entgegen und schlugen mit den Hufen um sich. Beim Einfangen benötigten wir einen langen Strick, mit dem wir das Pferd einzukreisen versuchten. Sobald ein Pferd eingekreist war, ergab es sich, und wir konnten es an den Panjewagen spannen. Jetzt konnte ich mich getrost auf das Sitzbrett setzen und nach Saganlug fahren, um Wasser zu tanken.

In Saganlug gab es den einzigen Brunnen weitum. Diese Ortschaft lag ungefähr vier Kilometer von unserem neuen Standort entfernt.

Oft musste ich zweimal täglich Wasser holen. Um diesen Auftrag zu erfüllen, bekam ich einen »Propusk«, das war ein Ausweis, mit dem ich mich auch außerhalb der Strafzone frei bewegen konnte. Auf der Wegstrecke zum Brunnen gab es auffallend viele Schildkröten, die uns zugute kamen. Beim Wasserholen bekam ich zum ersten Mal so richtig Kontakt mit russischen Zivilisten, hauptsächlich mit Frauen, die auch Wasser holten. Anfangs behandelten sie mich natürlich verächtlich. Steinwürfe und Spucke ins Gesicht waren keine Seltenheit. So groß war der Hass gegen uns deutsche Gefangene, was nicht verwunderlich war, wenn man bedenkt, was ihnen von deutscher Seite angetan worden war.

Sonja, eine russische Lehrerin

Die Verachtung dauerte so lange, bis eine russische Frau auf mich aufmerksam wurde und mich in Schutz nahm. Sie brachte mir öfters ein Stück Maiskuchen und zeichnete mir ein Kreuz auf die Stirn. Diese Frau war die Mutter einer jungen Lehrerin im Dorfe Saganlug. Die Lehrerin namens Sonja hatte die Aufgabe, die Kinder zu unterrichten, deren Eltern auf einer Kolchose arbeiten mussten. In der Nähe des Brunnens befand sich nämlich eine Großrinderstallung mit einem Kraftfuttermagazin für die Rinder, in dem gepresste Mais- und Sojabohnenfladen, die aussahen wie Heraklithplatten, aufbewahrt wurden. Mit Hilfe der beiden Frauen gelang es mir manchmal, für meine Kameraden Reste von Sojabohnenfladen zu ergattern. Unser Koch bereitete damit einen Brei zu, von dem wir uns alle satt essen konnten. Einer von den Gefangenen aß einmal so viel Brei, dass er beinahe geplatzt wäre.

Manchmal passierte es, dass ich beim Wasserholen der Lehrerin Sonja begegnete, die mit ihren Schülern auf demselben

Weg spazieren ging. Anfangs waren die Kinder frech zu mir, aber nachdem die Lehrerin sie zurechtgewiesen hatte, beruhigten sie sich, setzten sich auf meinen Wagen und ließen sich kutschieren. Einige liefen hinterher oder hielten sich am Wagen fest und ließen sich ziehen. Auch die Lehrerin Sonja setzte sich zu mir auf den Wagen und versuchte mit mir zu plaudern. Inzwischen hatte ich schon ein bisschen Russisch gelernt, so dass wir uns ein wenig verständigen konnten. Jedes Mal, wenn wir uns begegneten, riefen die Kinder schon von Weitem: »Niemietski plieni!«, was so viel bedeutet wie: »Der deutsche Gefangene.« Ich war immer angenehm überrascht und glücklich, wenn ich Menschen begegnen konnte, die mir armseligem Gefangenen wohlgesinnt waren.

Die Lehrerin Sonja stammte aus Charkow in der Ukraine und war mit ihrer Mutter in diese Strafzone verbannt worden, weil ihr Vater als Professor die Regierung Stalins kritisiert hatte.

Sonjas Mutter, die ein wenig Deutsch sprechen konnte, vertraute mir einmal an, dass ihr Mann bei der großen Säuberungsaktion im Jahre 1932 nach Sibirien verschleppt worden sei und dass sie nur anfangs ein paar Mal eine Nachricht von ihm erhalten habe und dann nie mehr. Gleichzeitig bat sie mich, mit niemandem darüber zu sprechen.

Gutes Einvernehmen mit den Rotarmisten

Als ich einmal vom Wasserholen mit dem Panjewagen ins Lager zurückkam, waren einige junge Rotarmisten dabei, neben unserem Lager Schießübungen auf eine Zielscheibe zu machen. Nachdem ich mein Arbeitspensum erfüllt und momentan nichts mehr zu tun hatte, schaute ich den Schützen eine Weile zu. Auf einmal forderte mich ein Rotarmist auf, auch einmal zu schießen. Er drückte mir sein Gewehr in die Hand und ich versuchte mein Glück als Schütze. Ich war zwar kein Scharfschütze, traf aber wenigstens die Scheibe.

Diese Rotarmisten waren feine Kerle, die uns ganz manierlich behandelten.

Wie schon erwähnt, wurden unsere zwei Zelte des Nachts vom Wachtturm aus von einem Rotarmisten überwacht. Manchmal konnte es passieren, dass ein Rotarmist, der den Wachdienst versehen hätte sollen, wegen einer Verabredung mit einer Geliebten keine Lust dazu hatte, da oben zu sitzen. Er kam zu mir und bat mich, für ihn einen Ersatz unter den Gefangenen zu suchen. Als Gegenleistung bekäme derjenige ein schönes Stück Brot. Ich sagte zu ihm: »Zuerst das Brot, dann die Arbeit!«

Mit dem Brot in der Hand ging ich ins Zelt auf der Suche nach einem Freiwilligen, der bereit war, die Nacht im Wachtturm zu verbringen. Es war nicht allzu schwer, einen zu finden, denn für ein Stück Brot war man bereit, große Opfer zu bringen. Natürlich fand der Austausch erst nach Einbruch der Dunkelheit statt, sodass es die Obrigkeit nicht bemerkte.

Zuckerrüben für meine Kameraden

Meine Kameraden machten mich darauf aufmerksam, dass dem Fluss Kura entlang Gemüsefelder sein müssten, wo es etwas zu ergattern geben könnte.

Daher entschloss ich mich, auf dem Rückweg vom Wasserholen einen kleinen Umweg die Kura entlang zu machen. Tatsächlich waren da zu meinem Erstaunen gut gepflegte Tomaten-, Gurken-, Salat- und Zuckerrübenfelder zu sehen. Leider waren sie von bewaffneten Feldhütern gut bewacht, so dass es nicht leicht war, an die Früchte heranzukommen. Ich hatte es besonders auf die Zuckerrüben abgesehen. Manchmal gelang es mir, in einem unbewachten Augenblick schnell ein paar Zuckerrüben auszureißen und im Maisstroh neben dem Wasserbehälter zu verstauen. Wie freuten sich meine Kameraden, als ich mit dieser Beute ins Lager zurückkehrte. Aus den Zuckerrüben konnten wir einen süßen Sirup gewinnen, der uns allen vorzüglich schmeckte und uns wieder ein wenig gesundheitlich stärkte.

Für mich war das Zuckerrübenklauen lebensgefährlich. Einmal glaubte ich, meine letzte Stunde sei gekommen, als mich ein Feldhüter ertappte und einige Kugeln auf mich abfeuerte, die mich aber zum Glück nicht trafen.

Die Malariaplage

In der Sommerhitze erkrankten die meisten Gefangenen an Malaria. Auch ich war davon betroffen. Ich musste trotz des hohen Fiebers mit Schüttelfrost meine Kameraden mit Wasser versorgen. Einmal wurde ich auf dem Weg zum Brunnen ohnmächtig, stürzte vom Wagen und das Pferd trabte ohne mich weiter zum Brunnen. Als ich aus der Ohnmacht erwachte, taumelte ich in Richtung Brunnen, wo mich die Lehrerin Sonja mit dem Medikament Atebrin gegen Malaria versorgte.

Für meine Kameraden, die rauchten, gab sie mir Zeitungspapier zum »Zigarettenwuzeln«.

Als die Sommerhitze vorüber war, ging es mir gesundheitlich wieder besser. Jetzt konnte ich die zwei Frauen öfters in ihrer primitiven Schulwohnung besuchen. Einmal nahmen sie mich mit nach Tiflis ins Kino, um mir den bekannten Film »Ein weißer Traum« zu zeigen.

Vor dem Film wurden in der Wochenschau die Gräueltaten der Nazis in Russland gezeigt, was mir sehr peinlich war. Ich konnte nur hoffen, dass die Zuschauer nicht merkten, dass ich ein deutscher Gefangener war. Wir Plienis (Gefangene) hätten eine Armbinde mit dem Plienizeichen tragen müssen, aber ich entfernte sie und steckte sie in die Stepprocktasche, wenn ich mit der russischen Bevölkerung Kontakt hatte. Die beiden Frauen wussten sehr wohl, dass ich ein deutscher Gefangener war. Sie waren mir trotzdem wohlgesinnt.

Ich war der einzige Gefangene, der sich auch außerhalb des Lagers frei bewegen konnte. Wir schmiedeten manchmal sogar Fluchtpläne. Sonjas Mutter tröstete mich mit den Worten: »Vsjo budjet schto Bog dast!« »Alles kommt, wie es Gott gefällt!« Diese zwei gütigen Frauen werde ich nie vergessen.

Ein unangenehmes Erlebnis

Ein deutscher Oberleutnant, der anfangs immer nett zu mir war, hatte die Aufgabe, unsere neunzig Mann starke Brigade zu führen. Ich hatte es als Ehre empfunden, dass er mich so nett behandelte, bis ich leider bemerken musste, dass er homosexuell war und anfing mich sexuell zu belästigen. Ich als naiver, unaufgeklärter Junge war sehr schockiert und vertraute mich dem Feldkaplan an, der mich aufklärte, denn ich wusste zuvor nicht, dass es so etwas überhaupt gab.

Als der Oberleutnant mich wieder einmal belästigen wollte, flüchtete ich in ein Maisfeld, und als ich bemerkte, dass er mich verfolgte, fing ich an zu schreien. Plötzlich sah ich auf dem Boden ein Holzscheit liegen. Ich hob es blitzschnell auf und schleuderte es dem Oberleutnant gegen die Beine, so dass er stolperte und flach zu Boden stürzte. Daraufhin gab er die Verfolgung auf und seitdem ließ er mich in Ruhe.

War es ein Wunder?

In Saganlug war auch ein gewisser Georg Stelzer stationiert, der von Beruf eigentlich Priester war. Er hatte den ganzen Russlandfeldzug als Sanitäter an vorderster Front mitgemacht.

Bei uns in Saganlug musste er bei Tag arbeiten wie wir, aber in der Nacht, anstatt sich auszuruhen, kümmerte er sich um die Malariakranken.

Er war immer für uns da, und wenn wir Probleme hatten oder resignieren wollten, konnten wir zu ihm kommen, um Rat zu holen.

Gleichzeitig lebte auch ein ehemaliger Leutnant unter uns, wir nannten ihn Fritz, der einen Granatsplitter im Kopf stecken hatte. Dieser Fritz war oft ganz verwirrt und hatte arge Orientierungsschwierigkeiten.

Einmal an einem Sonntag versammelten wir uns vor unserem Zelt, weil uns der Priester Georg Stelzer den Segen erteilen wollte. Wir waren alle beisammen, nur Fritz fehlte noch. Da bat mich der Priester, ich möchte so gut sein, Fritz aus dem Zelt herauszuholen. Als ich Fritz aufforderte, er möchte herauskommen, sagte er unwillig zu mir: »So will ich mir halt dieses Pfaffentheater anhören!« Er kam heraus, und während der Priester uns den Segen gab, musste Fritz niesen; zugleich kam der Splitter von der Nase herunter und Fritz war geheilt.

Manche von uns hielten es für einen Zufall, aber für mich war es ein Wunder.

Ein peinliches Erlebnis

Nun möchte ich noch ein für mich sehr peinliches Erlebnis erzählen.

Ein russischer Offizier, der auch Diplomlandwirt war, kam des Öfteren vorbei, um unsere Arbeit auf dem Maisfeld zu kontrollieren. Im nüchternen Zustand war er ein feiner, angenehmer Mensch, aber wenn er zu viel Wodka getrunken hatte, wurde er unberechenbar. Ich hatte die Aufgabe, ihn nach der Kontrolle mit dem Panjewagen, der von einem Pferd gezogen wurde, zur Bahn zu bringen, wo er den Zug nach Tiflis nehmen konnte.

Auf dem Weg dorthin standen am Straßenrand mehrere Teebuden, wo es natürlich auch Wodka zu kaufen gab. Ich musste vor jeder Bude Halt machen, weil er einkehren wollte. Als er aus der letzten Bude herauskam, hatte er einen starren Blick und schob mit der Zunge die Zigarette (Papirosi) von einem Mundwinkel zum anderen. Das war ein Zeichen, dass er sternhagelvoll war. Er brauchte meine Hilfe, um auf den Wagen zu steigen. Als er endlich neben mir saß, fing er an, mir die grässlichsten russischen Schimpfwörter entgegen zu schleudern. Ob ich wollte oder nicht, ich musste das über mich ergehen lassen. Aber als er aufstand, sich bei mir festhielt und mich anpinkeln wollte, konnte ich mich nicht mehr beherrschen, gab ihm einen leichten Schubs und er stürzte vom Wagen.

Am nächsten Tag wurde ich von einem russischen Geheimoffizier vorgeladen und im Beisein des Diplomlandwirts, den ich vom Wagen geschubst hatte, verhört.

Der Geheimoffizier wies mich zurecht und fragte mich, ob ich die Tat bereuen würde. Als ich verneinte, war er ganz empört und drohte mir mit Sibirien. Daraufhin erklärte ich ihm, was der Offizier und Diplomlandwirt mir antun wollte; ich sagte, dass ich mir von einem russischen Offizier mehr Kultur erwartet hätte.

Der Geheimoffizier schrie mich an: »Paschli!« »Raus!«, und ich konnte gehen. Draußen warteten meine Kameraden mit Bangen und erwarteten das Schlimmste. Als sie mich kommen sahen, waren sie erleichtert, wunderten sich aber sehr, denn nicht selten waren Kameraden nach einem Verhör spurlos verschwunden.

Der Diplomlandwirt aber ließ sich für längere Zeit nicht mehr blicken.

Russische Gastfreundschaft

Als der Diplomlandwirt in Offiziersuniform wieder auftauchte, hatte ich bald darauf noch ein Erlebnis mit ihm, das erwähnenswert ist. Ich musste ihn wieder mit dem Panjewagen fahren, und er war recht freundlich und anständig zu mir und lud mich sogar nach Tiflis zu sich nach Hause ein, vielleicht als Wiedergutmachung für das unangenehme Erlebnis, das ich mit ihm gehabt hatte. Es war eine gepflegte Wohnung. Die Wände waren mit orientalischen Teppichen tapeziert und im Wohnzimmer stand sogar ein Klavier. Der Diplomlandwirt hatte eine sehr hübsche Frau aus Georgien und zwei nette Kinder. Seine Frau war Musiklehrerin und spielte mir auf dem Klavier georgische Lieder vor, aber unter anderem auch das Lied »Am Brunnen vor dem Tore«. Als ich diese Lieder hörte, wurde mir wehmütig ums Herz. Ich musste an meine Heimat denken. Ob ich sie je wiedersehen würde?

Als der Diplomlandwirt sich für kurze Zeit entfernt hatte, fragte mich seine Frau, ob ihr Mann mich wohl immer manierlich behandle, und bemerkte: »Denn ich kenne meinen Mann!« Ich ließ mir nichts anmerken, um die Frau nicht zu beunruhigen.

Es waren dies schöne Stunden, die ich außerhalb des Lagers verbringen durfte. Einerseits fühlte ich mich sehr wohl, andererseits aber war es mir peinlich, in den schäbigen Gefangenenklamotten in einem gepflegten Haus zu verweilen und zu übernachten.

Flohinvasion

Nach der Maisernte im Herbst 1946 mussten alle Gefangenen von Saganlug ins Hauptlager zurückkehren. Nur vier Männer durften noch bleiben, um das Lager aufzuräumen; dazu zählten unser Koch, ein weiterer Kamerad, an dessen Namen ich mich nicht mehr erinnern kann, unser Lagerkommandant Oberleutnant Klemens und ich.

Nun mussten wir vier ins erste Zelt übersiedeln, in dem sich auch unsere Küche befand. Das zweite Zelt wurde einstweilen geschlossen, weil es überflüssig geworden war.

Während meine Kameraden mit den Aufräumarbeiten beschäftigt waren, musste ich weiterhin mit dem Panjewagen für uns Wasser holen und unseren Diplomlandwirt bedienen, herumkutschieren und auf seinen Beutezügen begleiten.

Eines Tages befahl uns der Diplomlandwirt, das zweite Zelt abzubauen. Als wir die Zelttür öffneten und den leeren Raum betraten, kam uns ein Schwarm von Flöhen entgegengesprungen, als wollten sie uns auffressen. Die Flöhe, welche die abgereisten Gefangenen hinterlassen hatten, konnten sich in der Zwischenzeit zwar gewaltig vermehren, waren aber ohne menschliche Beute nahe daran zu verhungern. Daher fielen sie dermaßen gierig über uns her, dass wir mit Händen und Füßen um uns schlugen und schließlich das Zelt fluchtartig verließen. Den Eingang des Zeltes ließen wir einige Tage offen, in der Hoffnung, die lästigen Biester würden das Zelt auf Nimmerwiedersehen verlassen.

Solange das Zelt geschlossen war, gab es für das Ungeziefer kein Entkommen, denn es war ein gutes, dichtes Zelt, wahrscheinlich ein amerikanisches Fabrikat. Mit dem Abbau des zweiten Zeltes wurde erst begonnen, als wir sicher waren, dass die Flöhe »sich verflüchtigt« hatten.

Der Diplomlandwirt hatte nichts dagegen, wenn wir die Arbeit hinauszögerten, denn je später wir ins Hauptlager zurückkehren mussten, desto mehr Zeit blieb ihm selber, um seine persönlichen Vorhaben zu erledigen, die ohne meine Hilfe und den Panjewagen nicht realisierbar gewesen wären.

Ein gefährliches Unternehmen

Einmal im Herbst 1946 hatte der Diplomlandwirt nach der Maisernte eine ausgefallene Idee. Er befahl mir, ein paar Säcke mit Maiskolben zu füllen und in der Nacht mit ihm zu den Tataren zu fahren, um die Maiskolben zu verkaufen. Die Tataren waren eine Art Nomadenvolk, das große Schafherden besaß und an der Kura entlang in Erdhöhlen hauste. Sie waren frei und nicht dem kommunistischen Regime unterstellt. Da die Tataren öfters bestohlen wurden, waren sie schwer bewaffnet. Die Männer kamen geduckt auf Pferden dahergeritten, so dass man den Reiter selber fast nicht sehen konnte. In den Stiefeln steckte ein Dolch und das Gewehr hatten sie umgehängt.

Als es allmählich dunkel wurde, fuhren wir die Kura entlang, bis wir endlich zu einer Tatarenhöhle kamen. Der Offizier überreichte mir seine Pistole, schickte mich in die Höhle hinein, während er draußen auf mich wartete. Ich bekam von ihm den Befehl, die Maissäcke nicht unter 700 Rubel zu verkaufen. In der Höhle saßen mehrere Kinder an der Feuerstelle und aßen mit bloßen Händen aus einem großen Kessel Kartoffelbrei und Hammelfleisch. Mir lief das Wasser im Mund zusammen, als ich die Kinder essen sah.

Bald tauchten zwei vermummte Frauen auf und fragten mich, ob ich mitessen möchte. Ich setzte mich zu den Kindern und fing an, so wie die Kinder mit bloßen Händen zu essen. Mein Chef ermahnte mich von draußen herein, nicht zu essen, denn die Speise könnte vergiftet sein. Ich stellte mich taub und langte gierig nach einem Stück Fleisch. Nachdem ich hastig ein paar Bissen verschlungen hatte, begann ich, auf das Drängen meines Vorgesetzten hin, mit den Frauen über den Mais zu verhandeln. Anfangs versuchten die Frauen zu feilschen, aber als sie die Pistole sahen, zog eine von beiden 700 Rubel heraus und überreichte sie mir. Sie schenkten mir sogar noch ein paar Fleischstücke, wofür ich den Frauen sehr dankbar war. Als wir den Mais abgeladen hatten, übergab ich die Rubel meinem Vorgesetzten; dann fuhren wir in Richtung Bahnhof, wo er mir eine Flasche Wodka und ein paar Brotfladen kaufte, eiligst verschwand und mich dem Schicksal überließ. Es war schon dunkle Nacht, und ich wusste nicht, wo wir uns befanden, denn ich hatte die Orientierung verloren. Mir war mulmig zumute, und ich konnte nur hoffen, dass das Pferd durch die Steppe den Weg zu unserem Zeltlager finden würde.

Wir waren noch nicht weit gefahren, da standen am Wegrand zwei dunkle Gestalten und winkten mir zu. Ich hielt den Wagen an, und die zwei setzten sich zu mir auf das Sitzbrett. Es waren zwei Frauen, so sehr vermummt, dass man nicht erkennen konnte, ob sie jung oder alt, hübsch oder hässlich waren. Wie wir so dahinfuhren, fing eine an, mich zu zwicken, was ich als sehr lästig empfand. Ich wagte es aber nicht, mich zu wehren, denn die Tataren hatten immer eine Pistole oder einen Dolch bei sich.

Die Frauen lenkten mein Fuhrwerk in eine bestimmte Richtung. Erst nach einer Weile bemerkte ich, dass es nicht in Richtung Gefangenenlager ging. Bald sahen wir in der Ferne ein Lagerfeuer und hörten Gesänge von Männerstimmen. Es waren keine russischen Lieder, sondern andere, fremd klingende Gesänge.

Wie wir zum Lagerfeuer kamen, rannte uns eine Schar bellender Hunde entgegen. Sie fletschten die Zähne, als wollten sie uns zerfleischen. Ich zitterte vor Angst, aber die Frauen fürchteten sich nicht. Sie stiegen vom Wagen, redeten mit den Hunden und streichelten sie. Die Hunde beruhigten sich, wedelten mit den Schwänzen und begleiteten die zwei vermummten Frauen zu den Männern am Lagerfeuer. Die Frauen redeten mit den Männern, ich verstand aber nichts, weil sie nicht russisch sprachen. Die Tatarenmänner schenkten mir gebratenes Hammelfleisch und Schafstalg, wahrscheinlich zum Dank dafür, dass ich die zwei Frauen mitgenommen hatte, und dann zeigten sie mir die Richtung, wie ich fahren musste. Erst beim Morgengrauen erreichte ich unser Lager.

Als ich unser Zelt mit der Beute betrat, waren meine Kameraden angenehm überrascht. Sie hatten schon befürchtet, dass mir etwas Schlimmes zugestoßen sein könnte, weil ich so lange fort war. Sie fielen gierig über meine Beute her, als hätten sie seit Tagen nichts mehr gegessen. Sogar die zwei Wachsoldaten hatten ihre Wachstube verlassen und die Nacht während meiner Abwesenheit bei meinen Kameraden verbracht. Sie aßen auch Fleisch und tranken Schnaps mit uns, bis die Flasche leer war, dann schliefen sie betrunken ein.

Bald darauf kam ein russischer Major, um die Wachsoldaten zu kontrollieren. Als er sie in der Wachstube nicht antraf, kam er wütend in unser Zelt und fand sie dort auf dem Boden schlafend. Er brüllte vor Wut, aber sie wachten nicht auf. Nun begann er sie mit seinen Stiefeln so lange zu stoßen, bis sie endlich aufwachten. Sie erschraken nicht wenig, nahmen ihre Gewehre, die sie auf den Boden gelegt hatten, und versuchten strammzustehen. Ihre Knie zitterten und ihre Gesichter wurden kreidebleich. Der Major brüllte und drohte ihnen und uns mit Sibirien. Dann wollte er wissen, woher wir den Wodka hatten. Ich konnte ihm nicht die Wahrheit sagen, sonst wäre mein Chef, der Agronom, in Ungnade gefallen. Ich erfand eine Ausrede und sagte, dass ich den Wodka mit den Tataren um ein Armband eingetauscht hätte. Er glaubte mir und ließ Gnade walten, mit der Begründung, dass deutsche Ärzte ihm während des Krieges das Leben gerettet hatten.

Das Gewehr unter dem Maisstroh

Einmal bat mich der Kommandant der Wachsoldaten namens Boris, ihn beim Wasserholen mitzunehmen, denn er hätte in dieser Gegend etwas Wichtiges zu tun. Der Brunnen war ungefähr vier Kilometer von unserem Lager entfernt. Als die ersten Häuschen einer kleinen Wohnsiedlung auftauchten, musste ich anhalten. Er stieg vom Wagen, verstaute sein Gewehr unter dem Maisstroh, das ich für mein Pferd auf dem Wagen mitgenommen hatte, und gab mir den Auftrag, das Gewehr im Wachlokal abzugeben. Dann verschwand er in einem Haus.

Auf dem Rückweg lief mir ein anderer Rotarmist nach und bat mich, ihn zu unserem Lager mitzunehmen. Er sprang von hinten auf den Wagen, wobei das Maisstroh verschoben wurde und das Gewehr zum Vorschein kam. Er erschrak und ich noch mehr. Er wollte wissen, woher ich das Gewehr hätte, denn ein Gefangener durfte keine Waffen haben. Ich war gezwungen, ihm die Wahrheit zu sagen: »Das Gewehr gehört Boris!«, erklärte ich ihm. Darauf antwortete er: »Den kenne ich!« Somit hatte sich das Problem gelöst. Die Wachsoldaten verpetzten sich gegenseitig nicht.

Abschied von Saganlug

Wenn ich allein Wasser holen durfte, ohne gleichzeitig meinen Chef zu kutschieren, benutzte ich manchmal die Gelegenheit, die Lehrerin Sonja und ihre Mutter zu besuchen. Ich fühlte mich bei ihnen wie zu Hause. Wir tranken zusammen Tee und sie machten mir Mut durchzuhalten.

Die abenteuerliche Zeit in Saganlug ging 1946 kurz vor Weihnachten leider zu Ende. Als auch unser Zelt weggeräumt war, mussten auch wir vier ins Hauptlager zurückkehren.

Der Abschied von den zwei gütigen Frauen fiel mir schwer, denn ich wusste, dass es ein Abschied für immer sein würde.

Wieder in Rustavi

Ich hatte mich in der letzten Zeit in Saganlug einigermaßen erholt und war wieder voll einsatzfähig. Ich meldete mich freiwillig für ein Unternehmen im Ural.

Der andauernde, eiskalte Schneesturm ließ uns aber nur bis Astrachan kommen. Die eisige Kälte zwang uns, wieder nach Rustavi zurückzukehren. Wegen der akuten Erfrierungen kamen wir ins Krankenrevier. Zum Glück dauerte der Aufenthalt im Krankenrevier nur einige Tage, dann wurde ich wieder einer neuen Arbeit zugeteilt.

Der Pferdetransport

Es war im Jahre 1947 kurz nach Neujahr, als die Lagerverwaltung 35 Gefangene aus unserem Lager für einen Pferdetransport aussuchte. Auch ich hatte die Ehre oder das Pech, daran teilzunehmen. Wir fuhren mit einem überfüllten Personenzug, streng bewacht, über Baku in Richtung Grosny. Die Zivilbevölkerung besetzte die Sitzplätze, und wir Gefangenen mussten im Gang stehen. Vorne und hinten standen zwei Rotarmisten mit Gewehren, damit keiner von uns abhauen konnte, wenn an einem Bahnhof der Zug anhielt, um Leute aus- und einsteigen zu lassen. In meiner Nähe saß eine ältere russische Frau, die mich längere Zeit auffallend beobachtete. Als sich wieder einmal unsere Blicke kreuzten, sagte sie: »I di sjuda, Niemietski plieni!«, was so viel bedeutet wie: »Komm her, deutscher Gefangener!«, und reichte mir ein belegtes Brot, das sie zuvor aus einem Papier herausgelöst hatte. Ich nahm das belegte Brot dankbar an, obwohl es stark nach stinkendem Ziegenkäse und Knoblauch roch. Aber mein Hunger war so groß, dass ich das übel riechende Brot sogar mit Genuss verzehren konnte.

Die Reise nach Grosny kam mir unendlich lang vor, weil der Zug sich nur im Schneckentempo weiterbewegte und wir auf der ganzen Fahrt stehen mussten. Als wir nach einem Tag und einer Nacht todmüde endlich in Grosny ankamen, empfing uns ein gewaltiger Schneesturm. Wir wurden in einer Kavalleriekaserne neben jungen russischen Rekruten untergebracht, mit denen wir gut zurechtkamen. Wir bekamen sogar die gleiche Verpflegung wie sie.

Einmal fragte mich ein russischer Rekrut, wie viele Russen ich umgebracht hätte. Ich gab ihm auf Russisch zur Antwort: »Nje adin!«, zu Deutsch: »Nicht einen!«

Wir verbrachten ungefähr drei Tage in Grosny. Während dieser Zeit wurden von Rotarmisten Pferde herbeigeschafft und in Viehwaggons verladen.

In jeden einzelnen Waggon kamen sechs Pferde hinein, je drei Pferde rechts und drei links, getrennt durch zwei dicke Holzbalken, sodass in der Mitte ein Gang entstand. Als die Pferde alle verladen waren, ging unser Aufenthalt in Grosny zu Ende. Jeder einzelne Gefangene bekam ein halbes Kastenbrot und ein paar kleine Salzfische als Reiseproviant mit. Wir hatten die Aufgabe, die Pferde auf der Reise von Grosny zurück in unser Lager nach Rustavi zu begleiten und zu betreuen. Die Pferde waren in 35 Waggons untergebracht und in jedem Waggon wurde ein Gefangener mit einquartiert und dann die Schiebetür von außen verriegelt. Ein Gefangener aber fehlte. Ihm war es gelungen zu entkommen. Es war einer, der sich in dieser Gegend gut auskannte, weil er während des Krieges als deutscher Landser in der Nähe von Grosny an einem Stoßtrupp beteiligt war.

Unsere Bewacher waren sehr nervös, konnten aber die Abfahrt nicht verschieben wegen der Kälte und wegen des Schneesturms, der unentwegt tobte. So mussten wir ohne den Ausreißer von Grosny abfahren.

Es wurde eine schreckliche Fahrt. In den Waggons herrschte eine eisige Kälte und durch die Ritzen und vergitterten Fenster blies der Sturmwind Schnee in unsere Behausung. Die warme

Luft, welche die Pferde ausatmeten, befeuchtete die Wände und so dauerte es nicht lange, da waren die Innenwände des Waggons mit Raureif bedeckt.

Nach stundenlanger Fahrt stand der Zug an einem Bahnhof endlich still. Die Rotarmisten, die uns begleiteten, hatten die Aufgabe, die Pferde zu füttern. Sie versuchten die Waggontüren von außen zu öffnen, was ihnen aber nicht gelang, weil sie total vereist waren, und so ließen sie es sein.

Der Zug setzte sich wieder in Bewegung, ohne dass die Pferde gefüttert worden wären. Die hungrigen Tiere begannen die Streu am Boden aufzufressen. Als jeder Strohhalm verschlungen war, begannen sie die Holzbalken anzuknabbern. Ich bekam es mit der Angst zu tun. Wenn die Balken, die mich von den wilden Pferden trennten und mir Schutz und Sicherheit gewährten, brechen würden, wäre ich den wilden Bestien ausgeliefert.

Es dauerte gar nicht lange, so wurden meine Befürchtungen wahr. Die Pferde brachen aus und gingen auf mich los. Sie drängten mich an die Wand und versuchten mich zu beißen. Ich setzte mich zur Wehr, so gut ich konnte, und fuchtelte mit Händen und Füßen.

Vielleicht hatten sie das Kastenbrot in meiner Steppjacke gerochen. Ich gab es ihnen, denn ich hätte es doch nicht essen können, weil es steinhart gefroren war. Ab und zu leckten die Pferde Reif von den Wänden, um ihren Durst zu stillen.

Noch schlimmer als die Angst vor den wilden, ungestümen Pferden war die Kälte, die alle meine Glieder allmählich erstarren ließ. Ich war nahe daran zu erfrieren. Nur die Bewegungen, die ich ausführen musste, um mich vor den hungrigen Tieren einigermaßen zu schützen, verhinderten den Erfrierungstod.

Als wir in Rustavi ankamen, war ich nur kurz bei Bewusstsein. Ich kann mich nur mehr an die warmen Sonnenstrahlen erinnern, die ich kurz wahrnahm, bevor ich das Bewusstsein ganz verlor. Als ich wieder zu mir kam, lag ich im Krankenrevier. Sobald ich mich ein wenig erholt hatte, konnte ich das

Krankenrevier verlassen und in unsere Baracke zurückkehren, wo ich einige Zeit als Arbeitsunfähiger in Quarantäne verbringen durfte, bis ich wieder arbeitsfähig war.

Sechs Monate später ging im Lager das Gerücht um, dass der Ausreißer von Grosny wieder zurückgekommen sei. Ich war sehr neugierig, wie es ihm wohl ergangen sein mochte, und versuchte ihn aufzustöbern. Als ich ihn endlich einmal nach Feierabend in einer Baracke traf, erzählte er mir seine abenteuerlichen Erlebnisse.

Er sagte mir, dass er während des Krieges in der Gegend von Grosny eine russische Frau kennengelernt hatte. Der kurze Aufenthalt in Grosny sei eine gute Gelegenheit gewesen, sie aufzusuchen. Sie habe ihm Unterschlupf gewährt und er habe in den sechs Monaten eine schöne Zeit verbracht, bis ihn die Geheimpolizei ausfindig machen konnte.

Der Ausreißer war gut genährt in unser Lager zurückgekommen. Ob er von den Russen vermöbelt worden war, konnte ich nicht erfahren.

Im Außenkommando

Im Winter erging es mir gesundheitlich immer besser als im Sommer, denn die Sommerhitze machte mir wegen der Malaria zu schaffen.

Einmal im Sommer, als ich wieder einmal nur bedingt arbeitsfähig war, wurde ich einem Außenkommando zugeteilt, das aus dreißig deutschen Offizieren bestand. Dabei war ich der einzige Gefangene ohne Dienstgrad. Wir hatten den Auftrag, Fundamente für Starkstrommasten auszuheben.

Gleichzeitig mit uns mussten dreißig russische Frauen dieselbe Arbeit verrichten. Wir wurden täglich mit einem Lastwagen vom Hauptlager abgeholt. Zur selben Zeit holte ein anderer Lastwagen die Frauen aus der Stadt und brachte sie zur Arbeitsstelle. Auf der Fahrt dorthin sangen sie russische Lieder, was wir als sehr angenehm empfanden.

Einmal baten uns die Frauen, wir sollten auch singen, und so sangen wir abwechslungsweise deutsche Lieder und sie russische.

Die Offiziere bestimmten, dass ich das Kommando übernehmen sollte, weil ich zum Arbeiten zu schwach war und zudem ein wenig Russisch sprechen konnte.

Beide Gruppen mussten eine bestimmte Norm erfüllen, damit uns die Brotration und den Frauen der Lohn nicht geschmälert wurden. Wenn wir schneller arbeiteten, bremsten uns die Frauen.

Es waren einige sehr hübsche Frauen dabei, besonders aber imponierte uns allen die Gruppenführerin. Die Offiziere machten oft lustige Bemerkungen über die Frauen in deutscher Sprache, wobei die Gruppenführerin immer schmunzeln musste.

Ich als Gruppenführer bekam von meinen Kameraden den Auftrag herauszufinden, wer die russische Gruppenführerin eigentlich sei, sie hätte leicht eine Spionin sein können, die uns aushorchen sollte.

Um mit ihr in Kontakt zu kommen, wollte ich sie um eine Lunte zum Zigarettenanzünden bitten, wusste aber nicht, wie Lunte auf Russisch heißt. Da sagte sie: »Sag es mir auf Deutsch!«

Darauf erzählte sie mir, dass sie eine Batschkadeutsche aus Ungarn sei und dass sie mit einem deutschen SS-Offizier gut befreundet gewesen wäre, der leider im Krieg gefallen sei. Als die Russen kurz vor Kriegsende in Ungarn einmarschierten, wurde sie nach Russland deportiert.

Zwischen dem deutschen und dem russischen Team bestand eine angenehme Atmosphäre. Wenn die russischen Posten, die uns Deutsche bewachen mussten, zu streng mit uns waren, wurden sie von den russischen Frauen gerügt. Eine der Frauen war immer unterwegs, um in den nahen Weilern etwas Essbares zu ergattern wie Maiskerne und Fladenbrote, die sie mit uns Gefangenen redlich teilte.

Wenn die russischen Frauen eine Zigarette anzündeten, wurde sie an die deutschen Raucher weitergereicht.

Nach ungefähr drei Wochen waren die Aushubarbeiten leider schon zu Ende.

Die Unkrautsuppe

Im Sommer 1947 arbeitete ich eine Zeit lang in Rustavi auf einer Baustelle. Diese war mit einem Stacheldrahtzaun umgeben, damit kein Gefangener abhauen konnte. Außerhalb des Zaunes stand ein Wachtturm, auf dem ein Rotarmist mit Gewehr saß und die Aufgabe hatte, uns zu bewachen.

Eines Tages, um die Mittagszeit, nachdem wir unser dünnes Süppchen abgeholt hatten, bemerkte ich, dass außerhalb des Stacheldrahtzaunes ein bestimmtes Unkraut wuchs, das essbar sein musste. Gerne hätte ich das Unkraut gepflückt und in mein dünnes Süppchen gebrockt, um satter zu werden. Ich überlegte, wie ich es anstellen könnte, zum Unkraut zu gelangen. Da bemerkte ich eine schadhafte Stelle im Stacheldrahtzaun. Ich schaute unauffällig zum Wachsoldaten auf den Wachtturm hinauf und bemerkte, dass er eingenickt war. Sofort versuchte ich durch die schadhafte Stelle im Zaun zu kriechen, um das Unkraut zu pflücken. Kaum hatte ich ein Bündel Unkraut in der Hand, schrie der Wachsoldat: »Stoj!« (Halt!), und hantierte gleichzeitig am Gewehr herum. Ich wollte zurückkriechen, konnte aber nicht, weil ich wie erstarrt auf dem Bauch lag, in Erwartung des Schusses, der mein Leben beenden würde.

Als der Wachsoldat das Unkraut in meiner Hand erblickte, brach er in ein schallendes Gelächter aus. Sofort lockerte sich meine Verkrampfung und ich konnte wieder zurückkriechen. Dankbar zeigte ich ihm das Unkrautbüschel, das ich darauf in meine Suppe brockte.

Der Rotarmist ersparte sich die Kugel, und für mich gab es eine dickere Suppe.

Nur wer etwas riskierte und keine Mühe scheute, konnte in der Gefangenschaft überleben.

Willkommener Stromausfall

Eine Zeit lang musste ich in einem Beton- und Zementwerk Nachtschicht machen. Es wurden Betonziegel hergestellt. Auch russische Mädchen arbeiteten dort, weil sie in diesem Handwerk ausgebildet werden sollten.

Meine Kameraden wären gerne mit den Mädchen in Kontakt getreten, aber die Maschinen liefen unentwegt weiter, ohne Pause. Auch die Mädchen waren uns nicht abgeneigt.

Unser Betriebselektriker, ein gebürtiger Berliner, der gerne zu einem Scherz bereit war, ließ sich ab und zu etwas einfallen. Er fingierte bewusst einen Kurzschluss, blockierte die Maschinen, sodass sie eine Zeit lang still standen. Sogleich erschien der Natschalnik, unser Chef, ganz wütend und fragte nach der Ursache des Stromausfalles. Unser Elektriker beruhigte ihn und sagte, er werde sein Möglichstes tun, um die Maschinen wieder in Gang zu bringen. In der Zwischenzeit amüsierten wir uns ein wenig mit den Mädchen. Es entstanden sogar kleine Liebschaften. Nach einer Weile schrie der Elektriker durch die Halle: »Aus mit dem Flirt, zurück zu den Maschinen!« Der Natschalnik war froh, dass unser Berliner den Schaden wieder beheben konnte, und auch wir waren ihm dankbar für diese außertourlichen Pausen.

Lebensgefährliche Arbeiten

Die lebensgefährlichen Arbeiten ließ unsere russische Führung mit Vorliebe von uns Gefangenen verrichten. Es wurden Freiwillige gesucht, denen man für die Arbeit mehr Brot versprach. Für ausgehungerte Gefangene war es ein verlockendes Angebot.

Als im Jahre 1947 eine Brücke über die Kura gebaut werden sollte, meldeten sich einige meiner Kameraden, darunter auch ein Südtiroler aus Kastelbell namens Quirl Brigl, freiwillig zu dieser gefährlichen Arbeit.

Mit Pressluft wurde das Wasser der Kura auseinandergeblasen, um die Fundamente der Brücke zu legen. Plötzlich blieb der Strom aus, das Wasser klatschte zusammen und riss mit voller Wucht alle Arbeiter mit sich. Alle ertranken in den Fluten und fanden ihr Grab wohl im Kaspischen Meer.

Mit Hilfe der Kriegsgefangenen und der russischen Strafgefangenen entstand in Rustavi ein Industriekomplex. Die Arbeiten, die wir verrichten mussten, waren gefährlich. Ein russischer Meister bot mir 900 Gramm Brot für die Arbeiten auf Hochmontage. Ich hätte zusammen mit russischen Arbeitern Eisenträger auf 32 Metern Höhe auslegen sollen.

Es war Februar und die Eisenschienen waren so kalt, dass unsere Hände daran kleben blieben. Jeden Tag stürzten Arbeiter in die Tiefe, teils auch durch Stromschläge. Ich selber war nicht schwindelfrei, daher verzichtete ich nach einem anfänglichen Versuch lieber auf die 900 Gramm Brot, als mein Leben zu riskieren.

Die Steinbrechermaschine

Einer meiner Kameraden musste eine Steinbrechermaschine bedienen. Die großen Steine kamen oben in einen großen Trichter hinein und wurden durch die Maschine zerkleinert. Mein Kamerad musste mit einer Eisenstange oben am Trichter nachhelfen, wenn es zu Verstopfungen kam. Einmal ist er mit dem rechten Arm in die Maschine geraten, so dass es ihm den Unterarm zerquetschte und vom Oberarm fast lostrennte.

Eine russische Ärztin holte ihn mit einem alten Militärkrankenwagen ab, um ihn ins Hauptlager zu bringen, wo sich eine Krankenstation befand, auf der Arbeitsunfälle behandelt wurden. Wir nannten diese Krankenstation den Steinbau, weil er im Gegensatz zu unseren Holzbaracken der einzige gemauerte Bau war.

Die Ärztin gebot dem Autolenker, etwas langsamer zu fahren auf dem holprigen Weg, da sonst der Verunglückte verbluten könnte. Der Patient hingegen erwiderte: »Fahren Sie ruhig schneller, das halte ich schon durch!«

Während auf der Krankenstation dem Verunglückten der Arm amputiert wurde, bemerkte die Ärztin den SS-Stempel unter dem Arm und sagte in gebrochenem Deutsch: »Ein SS-Mann stirbt nie.«

Tödliche Arbeitsunfälle

Wie schon erwähnt, hatten die deutschen Gefangenen gemeinsam mit russischen Strafgefangenen die Aufgabe, in Rustavi einen Schwerindustriekomplex aufzubauen. Wegen der schlechten Sicherheitsvorkehrungen bei der Arbeit passierten ständig Arbeitsunfälle, wobei manche zum Krüppel wurden oder gar tödlich verunglückten.

So forderte zum Beispiel allein der Bau einer riesigen Halle mehrere Tote und Schwerverletzte. Es sollte eine Lagerhalle für Maschinen werden. Als die Außenmauern bereits standen, kam das Dach an die Reihe.

Die Halle sollte ein gewölbtes Dach bekommen. Zuerst wurde für das Gewölbe eine Form in Holz gezimmert und auf Holzbalken gestellt, die bis zum Dach reichten. Das ganze Gestell wurde auf einen Rollwagen gesetzt, der Stück für Stück durch die Halle geschoben werden konnte. Dieses vorgefertigte Holzgewölbe sollte dann obendrauf mit Ziegeln und Mörtel zu einem festen Dach ausgemauert werden. Nach ein paar Tagen wurde die Holzform auf dem Rollwagen weitergeschoben und das bereits gemauerte Stück Dach hätte halten sollen. Es dauerte aber nicht lange, da krachte das Ziegelgewölbe in die Tiefe und prasselte auf die Arbeiter nieder, die darunter beschäftigt waren. Wieder gab es Tote und Verletzte. Das passierte aber nicht nur einmal, sondern öfters.

Die russischen Techniker waren nur schlecht ausgebildet. Erst als sie deutsche Spezialisten unter uns mit der Arbeit beauftragten, klappte es mit dem Gewölbe.

Post von zu Hause

Im Laufe des Jahres 1947 bekam ich die erste Nachricht von zu Hause. Es waren nur ein paar Zeilen auf einer Postkarte vom Roten Kreuz, geschrieben von meiner Mutter. Sie teilte mir mit, dass zu Hause alle gesund seien und dass sie sehr besorgt um mich sei.

Die Nachricht von zu Hause gab mir wieder Antrieb, ums Überleben weiterzukämpfen. Eine schlechte Nachricht von zu Hause hatte unter den Gefangenen katastrophale Folgen.

Ein guter Freund von mir aus Ostpreußen, ich will den Namen nicht nennen, bekam die Nachricht von seinen Eltern, dass sie von ihrem Gutshof mit 300 Rindern vertrieben und seine zwei Schwestern nach Russland verschleppt worden waren. Daraufhin fand mein Freund jede Anstrengung ums Überleben sinnlos und ließ sich gehen. Er wurde nach einem sexuellen Kontakt mit einer russischen Frau geschlechtskrank, kam ins Krankenrevier und landete schließlich wahrscheinlich auf dem Schakalberg. Jedenfalls habe ich ihn später nie mehr gesehen, obwohl wir in der gleichen Baracke gehaust hatten.

Einmal wollte ich nach Hause schreiben, konnte aber nicht, weil ich auf Außenkommando war, und so bat ich vorher einen Kameraden, der Lehrer war, die erlaubten 25 Wörter auf die »Rote-Kreuz-Karte« zu schreiben, damit sie zu Hause erfuhren, dass ich noch am Leben war. Da die Post durch eine Zensur ging, durfte man sowieso nichts Negatives schreiben, sonst wäre die Karte nicht angekommen. Wie ich später erfahren konnte, hatte meine Mutter sofort bemerkt, dass es nicht meine Handschrift war. Sie geriet in Panik, weil sie glaubte, dass ich keine Hände mehr hätte. Nun wurde zu Hause noch mehr für mich gebetet, und auch meine jüngeren Geschwister mussten kniend am täglichen Abendrosenkranz teilnehmen. Zudem durfte kein Geburtstag mehr gefeiert werden, der Nikolaus mit seinen Geschenken blieb aus, und die Weihnachtsfeier fand nicht statt. So wurde ich allmählich für meine Geschwister zum Alptraum.

Eine schaurige Entdeckung

Eines Nachts stand ich gegen Mitternacht auf, weil ich zu den Latrinen eilen musste. Mitten in unserem Lager war eine große, offene, kreisförmige Latrine, mit ringsherum so einer Art Plumpsklos mit einer Rückenlehne aus Brettern, damit niemand rücklings in den Morast fallen konnte. Die Überdachung der Latrine lag auf Querbalken, die auf senkrechten Holzpfählen befestigt waren.

Wie ich in der Dunkelheit endlich an der Latrine ankam, stieß ich mit dem Kopf an einen Körper, der von einem Querbalken herunterbaumelte. Zugleich vernahm ich ein leises Stöhnen, das mich in einen schaurigen Schrecken versetzte, denn da wollte sich einer meiner Kameraden durch Erhängen das Leben nehmen. In panischem Entsetzen begann ich so fürchterlich zu schreien, dass sofort ein paar Männer herbeigeeilt kamen und durch Wiederbelebungsversuche den Kameraden noch retten konnten.

Am nächsten Tag erzählte er mir, dass er von zu Hause eine schlechte Nachricht erhalten hatte, sodass ihm das Weiterleben sinnlos erschien. Angeblich hatte seine Frau einen anderen Mann kennengelernt und wollte von ihm nichts mehr wissen. Zugleich bedankte er sich bei uns, weil wir ihm das Leben gerettet hatten, und er versprach uns, nie wieder so etwas zu tun.

Im Hauptlager – das Lagerleben

Im Hauptlager gab es viele Baracken, und in jeder Baracke waren ungefähr an die hundert Gefangene untergebracht.

Wir schliefen in Stockbetten, konnten aber wegen der vielen Wanzen und Flöhe, die uns plagten, nicht gut schlafen. Wir schliefen nur auf Brettern ohne Strohsack, hatten aber eine schäbige Decke zum Zudecken.

Mitten in der Baracke stand ein leeres Blechfass, das wir im Winter als Ofen benutzten. Jeder Gefangene brachte nach der Arbeit von der Baustelle ein Stück Holz zum Einheizen mit. Am Ofen konnten wir uns ein wenig wärmen oder ein paar Kartoffeln kochen, wenn wir welche ergattert hatten.

Der Stern von Rustavi

Wenn wir uns am Abend nach getaner Arbeit zur Nachtruhe in die Baracken zurückgezogen hatten, ging in den späteren Jahren manchmal eine junge Ärztin von Baracke zu Baracke zur Visite.

Sie war eine bildhübsche Frau mit einem strahlenden Lächeln im Gesicht und zu jedermann freundlich. Daher bekam sie von uns Gefangenen den Namen »Stern von Rustavi«.

Sobald sie unsere Baracke betrat, ging ein Raunen und Aufatmen durch den Raum, und sogar die »Halbtoten« wurden noch putzmunter. Wenn sie sich nach unserem Befinden erkundigte, versuchte jeder einen kleinen Schmerz vorzutäuschen. Der eine hatte »Herzschmerz« und deutete dabei scherzhaft auf sein Herz, der andere hatte Heimweh und andere meinten, sie hätten Fieber. Wenn sie dann mit ihrer zarten Hand deren Stirn berührte, waren dies für die armen Gefangenen ein paar glückselige Momente. Dabei tröstete sie uns mit den Worten: »Skoro domoj!« – »bald kommt ihr nach Hause!«

Als sie uns später nicht mehr besuchte, ging unter den Gefangenen das Gerücht um, dass sie schwanger geworden sei, weil sie mit einem Gefangenen, einem ehemaligen Wiener Oberstabsarzt, ein Liebesverhältnis eingegangen sei. Diesem Oberstabsarzt war die Aufsicht über die Lagerküche übertragen worden. Er konnte immer, so wie alle hohen Offiziere und Ritterkreuzträger, auch während der Gefangenschaft die Offiziersuniform tragen.

Die Sonntage im Lager

In den ersten zwei Jahren gab es für uns Gefangene keinen Sonntag. Jeder Tag verging im gleichen Trott. Wir wussten nicht einmal mehr, welchen Wochentag wir hatten. Erst als das Internationale Rote Kreuz sich für uns einsetzte, musste sich die russische Regierung verpflichten, einen Ruhetag in der Woche einzuschalten. Von da an wussten wir, wenn Sonntag war.

Unsere Sonntage waren aber nur langweilige Tage. Es gab keinen Gottesdienst und niemand betete. Wir benutzten diesen Tag meistens dazu, das Ungeziefer in unseren Baracken zu bekämpfen. In den Ritzen der Holzwände versteckten sich unzählige Wanzen, die uns in der Nacht besuchten und den Schlaf raubten. Wir versuchten mit Drähten in den Ritzen herumzustochern, in der Hoffnung, einige Wanzen erdolchen zu können. Manche versuchten auch mit Feuer diese »Viecher« auszumerzen. Dazu benutzten sie eine Lunte, denn Zündhölzer oder Feuerzeuge gab es keine.

Die Sonntage waren für uns so eine Art Schweigetage. Es wurde herumgehockt, wenig geredet und Langeweile gegeigt.

Am Sonntag dachten wir mehr als sonst an zu Hause. Auch der Magen knurrte am Sonntag lauter, denn da mussten wir uns mit der hauchdünnen Suppe und mit der Brotration zufriedengeben. Draußen bei der Arbeit gab es zusätzlich ab und zu eine Krume Brot, eine Rübe oder einen Schopf Unkraut.

Einmal saßen wir wortlos da, mit dem Blick in die Ferne gerichtet, als ein Kamerad plötzlich die Stille unterbrach und halblaut sagte: »Bei uns zu Hause gibt es am Sonntag Schweinsbraten mit Kartoffeln und Sauerkraut und als Nachspeise…« »Halts Maul!«, unterbrachen ihn seine Kameraden, die neben ihm saßen, und hielten sich die Ohren zu, denn wenn man daran erinnert wurde, knurrte der Magen noch heftiger.

Am Sonntag hatten wir mehr Zeit zum Nachdenken. Ich fragte mich oft: » Wie lange werde ich diese Strapazen noch aushalten? Werde ich jemals meine Heimat wiedersehen? Hat es überhaupt einen Sinn durchzuhalten?«

Was an den Ruhetagen ab und zu auch erledigt werden musste, das waren die Entlausungen. Da begaben wir uns gruppenweise in die sogenannte Sauna, zogen unsere Kleider aus, die in einen Heißluftofen geworfen wurden, um das Ungeziefer wie Läuse und Flöhe, die sich in den Kleidern eingenistet hatten, zu töten. Nach ein paar Minuten wurden die heißen Kleider aus dem Ofen herausgeholt und uns zugeworfen. Wenn wir Glück hatten, bekamen wir wieder die gleiche Hose und den gleichen Russenkittel zurück. Unterwäsche hatten wir keine.

Unsere Kleider wurden auch nie gewaschen. Besonders in den ersten zwei Jahren mussten wir sie tragen, bis sie vor lauter Schmutz stanken und ganz zerfetzt waren. Später wurden ab und zu in der Sauna Kleider auf einen Haufen gelegt, und wir durften uns welche aussuchen, wenn es die Not erforderte. Ich hatte einmal das Glück, eine Steirerjoppe zu finden, denn es waren nicht alles russische Kleider. Wahrscheinlich stammten manche Kleidungsstücke aus Ländern, welche die Russen besetzt hatten. Diese Trachtenjoppe trug ich, als einmal ein Fotograf ins Lager kam und Bilder von uns machte, und auch das Hemd trug ich, das ich mir von einem Lagerschneider gegen Bezahlung hatte nähen lassen.

Der eine oder andere schlenderte am Sonntag von Baracke zu Baracke, in der Hoffnung, jemanden zu treffen, den er schon lange nicht mehr gesehen hatte. Leider war die Suche oft vergeblich, weil der Gesuchte nicht mehr lebte.

Unsere russische Führung benutzte oft die Sonntage, um uns zu zählen und zu filzen. Dabei mussten wir uns auf dem Lagerplatz aufstellen, die Kleider ausziehen und neben uns niederlegen. Dann wurden unsere Kleider nach verbotenen Gegenständen durchsucht. Wir durften keine Taschenmesser haben, keine Nägel oder sonstige Gegenstände aus Metall, welche die Russen für gefährlich hielten. Alles wurde uns abgenommen.

An einem Sonntag im Hochsommer, als wir uns wieder einmal zur Zählung und zum Filzen bei glühender Hitze aufstellen mussten, erbeuteten unsere Vorgesetzten eine Menge kleiner Gegenstände aus Metall, sammelten sie ein und trugen sie alle zusammen, sodass es ein ziemlich großer Haufen wurde, denn es standen immerhin an die 5000 Gefangene da. Um die Gefangenen zu zählen, benutzten sie eine »Rechenmaschine«, wie sie bei uns in der ersten Klasse Volksschule früher benutzt wurde, mit hundert bunten Holzkugeln, die man auf Stangen hin- und herschieben konnte. Als sie mit der Zählung begannen, verdüsterte sich der Himmel und ein heftiges Gewitter prasselte auf uns nieder. Es blitzte und donnerte ununterbrochen, bis plötzlich ein Blitz vor uns in den Metallhaufen einschlug, sodass die Metallgegenstände glühend rot wurden und in alle Richtungen flogen.

Die russische Führung samt den Wachsoldaten ergriff die Flucht und ließ uns nackt dastehen. Daraufhin hoben wir unsere nassen Kleider auf und kehrten eiligst in unsere Baracken zurück.

Wenn es am Sonntag regnete, benutzten wir die Gelegenheit, um uns im Freien zu duschen, denn das Wasser war in unserem Lager Mangelware. Wir mussten froh sein, wenn es Wasser zum Trinken gab, denn das Trinkwasser musste von weit her in Tankwagen herbeigeschafft werden.

Die Lagerschneiderei

In unserem Lager stand eine Baracke, in der geschneidert wurde. Dort arbeiteten einige Gefangene, die von Beruf Schneider waren. Diese Schneider galten als Spezialisten, und ihre Hauptaufgabe bestand darin, für die russischen Offiziere zu arbeiten. Offiziell wurden sie von diesen als Dystrophiker eingestuft, obwohl sie keine waren. Dafür brauchten sie keine schweren Arbeiten zu verrichten und standen der russischen Führung immer zur Verfügung, wenn es für sie etwas zu nähen gab.

Nebenbei taten sie auch uns ab und zu einen Gefallen und flickten unsere Kleider, wenn sie Löcher hatten. Aus den zerrissenen Kleidern, die man nicht mehr flicken konnte, wurden kleine Fleckchen, die noch einigermaßen brauchbar waren, herausgeschnitten und diese dienten dazu, Löcher zu stopfen.

Wer sich von den Gefangenen ein paar Rubel erspart hatte, konnte sich von den Schneidern ein neues Hemd nähen lassen. Auch ich ließ mir einmal ein neues Hemd mit Kragen nähen, weil mir der Russenkittel zu schäbig war.

Jeden, der das liest, wird interessieren, woher die Schneider den Stoff für die neuen Hemden hatten. Jeder Gefangene, der im Lager sterben musste, wurde von den Totengräbern, das waren OK-Männer, seiner Kleider beraubt und nackt begraben. Diese Kleider wurden von den Totengräbern um ein paar Rubel an die Schneider verkauft, so dass auch diese armen Totengräber zu ein wenig Geld kamen.

So wurde im Lager unter den Gefangenen gehandelt und gefeilscht. Jeder Gefangene musste versuchen, sich auf irgendeine Weise selber zu helfen, um überleben zu können.

Diese Kleider wurden, wenn nötig, geflickt und an die Gefangenen weiterverkauft. Oder sie wurden aufgetrennt und es wurden neue Kleidungsstücke daraus genäht und an Gefangene veräußert, die sich ein paar Rubel erspart hatten. Wer kein Geld besaß, musste in den alten Klamotten herumlaufen, bis sie ganz zerfetzt waren, und warten, bis in der »Sauna« wieder einmal welche zur Verfügung standen.

Die Schneider hatten keine Nähmaschine zum Nähen, sie nähten alles händisch, nur mit Nadel und Faden. Ich musste immer staunen, wie flink sie mit der Nadel umgehen konnten.

Die Lagerschusterei

In unserem Lager gab es auch eine Schusterei. Gefangene, die von Beruf Schuster waren, fanden dort Arbeit und galten als Spezialisten.

Spezialisten bekamen mehr Brot. Ich war kein Spezialist, denn ich hatte kein Handwerk gelernt.

Nur als ich in der Gefangenschaft, wie schon erwähnt, eine kurze Zeit auf Hochmontage arbeitete, galt ich als Spezialist und bekam mehr Brot. Aber als ich feststellen musste, wie gefährlich diese Arbeit war und dass so viele auf Hochmontage ums Leben kamen, verzichtete ich lieber darauf.

Spezialisten mussten die Norm erfüllen, die eine russische Persönlichkeit namens Stachanow aufgestellt hatte. Wer diese Norm übertraf und mehr leistete, wurde ein »Stachanow« und bekam einen Lohn. Diese »Stachanows« waren die Herren in unserem Lager. Sie konnten sich Margarine kaufen und aufs Brot streichen oder sich von den Schneidern bessere Kleider nähen lassen oder bessere Schuhe in der Lagerschusterei bestellen.

Ich konnte mir nur durch »Fuggern« (Handeln) ein paar Rubel verdienen, indem ich Seifen und Ringlein an russische Frauen verkaufte. Mit dem Geld konnte ich mir auch ab und zu ein wenig Margarine leisten und aufs Brot streichen und ein wenig Zucker darauf streuen.

Jeder Gefangene bekam wöchentlich eine kleine Portion Zucker und Tabak zum Rauchen. Die Nichtraucher tauschten ihren Tabak mit den Rauchern um Zucker oder Brot. Die starken Raucher bekamen von den Nichtrauchern zwar genug Tabak, hatten aber wenig Chance, die Gefangenschaft zu überleben. Sie sind lieber verhungert als aufs Rauchen zu verzichten.

Doch zurück zur Schusterei. Die russische Prominenz ging in der Schusterei ein und aus. Die hohen russischen Offiziere ließen die Stiefel für sich und ihre Familienangehörigen von der Lagerschusterei herstellen. Die Schuster und Schneider verdienten am meisten Geld. Sie gehörten wie die »Stachanows« zu den Herren in unserem Lager, die sich einigermaßen satt essen konnten.

Im Lager stand eine Art Kiosk, der von den Gefangenen aus alten Brettern zusammengezimmert worden war, und da gab es für die, welche ein paar Rubel besaßen, etwas zu kaufen. Dystrophiker, die nicht arbeiten konnten, führten den Laden. Gefangene, die im Außendienst tätig waren, schmuggelten am Abend manchmal unter Risiko ein paar Feldfrüchte, Mehl oder Brote ins Lager und brachten sie um ein paar Kopeken in den Kiosk, wo sie zum Verkauf zur Verfügung standen. Auch ich belieferte manchmal den Kiosk. So entstand unter den Gefangenen ein reger Handel.

Hunger, Durst und Ungeziefer

Wer sich satt essen darf, hat keine Ahnung, wie Hunger wehtun kann.

Die Dystrophiker und die OK-Männer hatten am meisten darunter zu leiden, da sie nur die Mindestbrotration bekamen, weil sie nicht arbeiten konnten. Aus dieser Situation war es für die OK-Männer nicht leicht möglich, wieder herauszukommen, das heißt, eine größere Brotration zu erhalten. Manchmal allerdings wurden sie von Kameraden, die in der Lage waren, zusätzlich etwas Essbares zu ergattern, aufgepäppelt. Dadurch wurden sie wieder arbeitsfähig und bekamen mehr Brot.

Jeder Gefangene träumte davon, sich endlich einmal satt essen zu können.

Ein OK-Mann namens Waldemar, der von Beruf Lehrer war, dachte sich ein besonderes System aus, um ab und zu ein Sättigungsgefühl erleben zu können. Er aß am Morgen und am Abend nur die hauchdünne Suppe und bewahrte die tägliche Brotration so lange auf, bis er eine größere Menge Brot vorrätig hatte. Nach ungefähr drei Tagen, während wir alle in der Baracke zur Nachtruhe eintrafen, zog er das ersparte Brot hervor, teilte es in kleine Stücke, steckte sich eines nach dem anderen genüsslich in den Mund und kaute auffällig lange daran herum, um uns futterneidisch zu machen.

Nach diesem Abend fastete er wieder ein paar Tage, um dann dieselbe Prozedur zu wiederholen. Das ging einige Wochen so weiter, bis er im Krankenrevier landete, aus dem er lebend nicht mehr herauskam. Wahrscheinlich waren ihm das abwechselnde Fasten und das darauf folgende übermäßige Essen zum Verhängnis geworden.

Auch ich versuchte einmal am Morgen vor der Arbeit nur die dünne Suppe zu essen und das Brot aufzusparen, um es am Abend vor der Nachtruhe essen zu können, weil man oft vor lauter Hunger nicht einschlafen konnte. Das war zu der Zeit, als ich auf einer Baustelle als Handlanger arbeiten musste und nur wenig Brot bekam, weil ich kein Spezialist war. Als ich am Abend nach der Arbeit ins Lager zurückkam, war mein erspartes Brot nicht mehr da, weil es mir gestohlen worden war. Mit knurrendem Magen machte ich mich auf die Suche nach dem Dieb. Ich ging von Baracke zu Baracke, um ihn ausfindig zu machen. Nach längerem Suchen betrat ich eine fast leere Baracke, in der nur ein Mann kauend auf seiner Pritsche saß, mit einem Stück Brot in der Hand. Verärgert sagte ich zu ihm: »Du hast mir mein Brot gestohlen!« Er gab es zu und gleichzeitig betraten einige Gefangene den Raum. Als sie erfuhren, dass er mir das ersparte Brot geklaut hatte, fielen sie gegen meinen Willen über ihn her, zogen ihm die Hose herunter, um ihm den Hintern zu versohlen, nach dem Motto: »Wer Kameraden bestiehlt, muss bestraft werden.« Ich versuchte abzuwehren und schrie, so laut ich konnte: »Lasst ihn in Ruhe!«, denn er tat mir leid.

Hätte ich geahnt, dass man mit Dieben so hart ins Gericht ging, wäre ich nicht auf die Suche nach dem Brotdieb gegangen und hätte ihm das Leid erspart. Ich nahm ihm das restliche Brot nicht ab und kehrte bedrückt in meine Baracke zurück.

Jedem Gefangenen, der Kameraden beklaut hatte, wurde ein Täfelchen umgehängt mit der Aufschrift: »Habe Kamerad bestohlen!«

Der Hunger war in der russischen Gefangenschaft ein großes Problem. Nicht nur wir Kriegsgefangenen hatten darunter zu leiden, sondern auch die russischen Strafgefangenen und das ganze übrige Volk. Wir bekamen täglich 450 Gramm schwer verdauliches Maisbrot und zweimal am Tag eine hauchdünne Suppe mit ein paar Bohnen oder Graupen und dazu einen Löffel voll Kascha. Um satter zu werden, suchten sich manche Gefangene ein wenig Unkraut, das immer seltener zu finden war, und brockten es in die Suppe. Auf den Baustellen waren Teerreste zu finden, die wir wie Kaugummi kauten. Später bekamen die Facharbeiter einen bescheidenen Lohn, mit dem sie sich zusätzlich am Lagerkiosk etwas zum Essen kaufen konnten. Am schlimmsten erging es den Kranken, von denen es viele gab, denn sie mussten sich mit dem Wenigsten zufrieden geben.

In den ersten zwei Jahren starben viele Gefangene an Typhus, Ruhr, Unterernährung und einige nahmen sich aus Hoffnungslosigkeit und Verzweiflung das Leben.

Der Mangel an Trinkwasser war auch ein großes Problem. Wir mussten oft stundenlang anstehen, um einen Becher Wasser zu bekommen. Im Sommer herrschte in dieser Gegend im Südkaukasus eine große Hitze und Trockenheit.

Bei Tag mussten wir schwer arbeiten und in der Nacht plagte uns das Ungeziefer in den Baracken, deshalb schliefen wir oft im Freien. Als wir am Morgen erwachten, konnte es passieren, dass wegen eines Sandsturms alle mit Sand bedeckt waren. Wenn es bei Tag Sandstürme gab, war es unmöglich, im Freien zu arbeiten.

Angenehme und unangenehme Menschen

Unter uns Strafgefangenen befanden sich auch solche, die uns im Auftrag der russischen Kommissare bespitzelten und ausspionierten. Sie hatten sich freiwillig gemeldet, die antifaschistische Aktivschule in Moskau zu besuchen. Dafür bekamen sie mehr Brot und hatten die Aufgabe, herauszufinden, welche Funktion wir während des Krieges ausgeübt hatten oder ob wir unter falschem Namen registriert waren, um etwaige Gräueltaten zu verbergen.

Ein solcher Spitzel, mit Namen Wilhelm Kippers, befand sich unter uns und drohte mir einmal, er werde mir die Heimfahrt schon vermasseln, obwohl er mir nichts nachweisen konnte, weil es nichts nachzuweisen gab; aber er war so gemein, dass er auch imstande gewesen wäre, etwas zu erfinden, um mir zu schaden, denn für jede Anzeige, ob wahr oder nicht, wurden die Denunzianten belohnt. Auch ihre eigenen Vergehen während des Krieges wurden ihnen erlassen.

Diese Denunzianten waren unter den Gefangenen sehr verhasst. In manchen Lagern sollen einige sogar umgebracht worden sein. Die russische Führung forschte nie nach, wer die Täter waren, wenn in den Lagern so etwas passierte.

Manch einer von den Gefangenen wäre nicht in Sibirien gelandet, wenn es diese Denunzianten unter uns nicht gegeben hätte.

Ein russischer Offizier, den wir den Totschläger nannten, war für Zucht und Ordnung im Lager verantwortlich. Einmal schlug er mir beim Essenholen mit einem Stock auf die Hand, dass mein Geschirrdeckel zu Boden fiel. Er verlangte von mir, dass ich mich bücke und den Deckel aufhebe. Ich tat es nicht, weil ich aus Erfahrung wusste, dass er mich dann halb totschlagen würde. Ich verdrückte mich und reihte mich in eine andere Reihe ein. Dieser Mann war der Schrecken unseres Lagers und wir fürchteten ihn alle.

Unter uns Gefangenen waren aber auch tolle Kerle, die sich füreinander einsetzten und halfen, wo sie nur konnten. Unser Lagerkommandant zum Beispiel, dem es gelang, mich aus dem Rattenschuppen herauszuholen, in den mich der russische Kommissar strafweise gesperrt hatte, war einer dieser tollen Kameraden. Wahrscheinlich war es ein Volksdeutscher, der im Lager unter falschem Namen lief, um seine wahre Identität zu verbergen, denn Volksdeutsche galten als Kriegsfreiwillige, mit denen die Russen unbarmherzig ins Gericht gingen. Außerdem beherrschte er fließend die russische Sprache.

Als die russische Geheimpolizei mit den Verhören in unserem Lager in Rustavi begann, bat mich unser Lagerkommandant, ihn zu verschonen, falls ich über ihn ausgequetscht werden sollte.

Mit Schorsch Frisch, einem russischen Kriegsgefangenen, der aus Ostpreußen stammte, war Hans Raffeiner gut befreundet. Hier trägt er Hemd und Steirerjoppe, die er sich für das Foto von Hans ausgeliehen hatte.

Ich möge es seiner Frau und seinen Kindern zuliebe tun und sollte sagen, dass ich mit ihm nie etwas zu tun gehabt hätte.

Einmal, als ich verhört wurde, wollte die Geheimpolizei tatsächlich Informationen über unseren Lagerkommandanten von mir erfahren. Aber erstens wusste ich nichts über ihn und zweitens hätte ich ihn auch niemals verraten.

Siebenbürgendeutsche in russischer Gefangenschaft

Unter uns Gefangenen befanden sich etliche Siebenbürgendeutsche aus Rumänien. Sie hatten als Volksdeutsche im deutschen Heer gedient, einige sogar als Freiwillige bei der Waffen-SS und waren so wie wir in russische Gefangenschaft geraten.

Bei Kriegsende wurden viele Siebenbürgendeutsche aus Rumänien vertrieben.

Als unsere Kameraden aus Siebenbürgen erfuhren, dass ihre Angehörigen aus der Heimat vertrieben worden waren, gerieten sie in eine große Hoffnungslosigkeit, denn sie wussten, dass sie ihre geliebte Heimat und vielleicht auch ihre Angehörigen nie mehr wiedersehen würden.

Wenn sich Siebenbürgendeutsche im Lager trafen, sprachen sie über ihre verlorene Heimat und manchmal sangen sie wehmütige Lieder. Folgendes Lied ist mir bis heute in Erinnerung geblieben:

»Nach der Heimat geht mein heißes Sehnen,
nach der Heimat möcht ich wieder hin.
Muss im Stillen heiße Tränen weinen,
wenn ich an die Abschiedsstunde denk.

Großer Vater, der du bist da droben,
lass mein Flehen nicht vergeblich sein:
Lass mich meine heiß geliebte Heimat
Und meine Lieben wiedersehn!«

Namhafte Leute im Lager

Im großen Lager, in dem ich lebte, waren viele namhafte Leute, unter anderem Soldaten des Jagdgeschwaders Graf, auch bekannte deutsche Fußballer wie Fritz Walter, Hermann Eppenhof, Walter Kilian und Albrecht Gretl, mit dem ich mich besonders gut verstand.

Einmal vertraute mir dieser an, dass die deutschen Fußballer aus unserem Lager ab und zu bei einem russischen Fußballturnier in der Umgebung inkognito stillschweigend mitspielen durften oder mussten, und zwar dann, wenn jemand von den russischen Offizieren wollte, dass eine bestimmte russische Mannschaft siegen sollte. In unserem Lager war Platz genug zum Dribbeln und Trainieren. Dafür wurden die deutschen Fußballer auch besser verpflegt als wir und mussten nur leichtere Arbeiten verrichten, wie zum Beispiel Essen austeilen.

Auch gute Musiker, wie zum Beispiel ein gewisser Schubert, der ein entfernter Verwandter des Komponisten Franz Schubert gewesen sein soll, Schauspieler und Artisten waren darunter, die manchmal ein Varieté zur Aufführung brachten. Zu den Varietés wurde auch die russische Führung eingeladen, die nicht wenig staunte über die Vielseitigkeit und die Fertigkeit der Schauspieler und Artisten. Manche russischen Offiziere brachten zu den Varietés auch ihre Frauen mit, die sich ebenfalls sehr amüsierten.

Ein Zauberkünstler zeigte seine Kunststücke so geschickt, dass er russische Offiziere in Verlegenheit brachte, als er einem anwesenden Hauptmann die Pistole wegzauberte, ohne dass dieser es bemerkte.

Ein guter Freund von mir war von Beruf Geigenbauer. Er klopfte an jedes Stück Holz und sagte zu mir: » Hör mal, was dieses Holz für einen schönen Klang hat.« Ich verstand nichts davon und schüttelte nur den Kopf. Als er aber nach einiger Zeit mit einer fertigen Geige auftauchte, staunten wir und die Russen nicht wenig. Von da an konnte er bei den Varietés, die allerdings nur selten stattfanden, mit seiner Geige auftreten.

Da mehrere Musiker unter uns waren, besorgte ihnen unsere russische Führung ein paar gitarrenähnliche Saiteninstrumente. Es dauerte nicht lange, da spielten sie bei den Varietés deutsche Lieder, aber auch bekannte russische Melodien.

Diese Veranstaltungen wurden vor allem uns Gefangenen dargeboten, um uns aufzumuntern und für kurze Zeit unsere Not vergessen zu lassen.

Ein Kriegsfreiwilliger aus der Schweiz namens Werner Keller hatte als Freiwilliger bei der deutschen Luftwaffe gedient. Ich lernte ihn kennen, weil er gleichzeitig mit mir in Saganlug arbeiten musste.

Jenseits der Kura befand sich ein Militärflughafen, wo ab und zu ein Militärflugzeug startete oder landete. Werner Keller verfolgte mit großer Aufmerksamkeit jede Flugbewegung, besonders aber schaute er sehnsüchtig den startenden Flugzeugen nach, bis sie am Horizont verschwanden.

Ich hatte den Eindruck, dass er insgeheim Fluchtpläne schmiedete, die aber leider nicht realisierbar waren.

In unserem Lager waren auch zwei bekannte Ärzte aus Südtirol: der Augenarzt Dr. Rössler aus Bozen und Dr. Malfèr aus dem Unterland. Soviel ich weiß, kümmerte sich Dr. Rössler, der Oberleutnant gewesen war, um die Kranken im Lager.

Dr. Malfèr hingegen, gewesener Stabsarzt im Rang eines Hauptmanns, arbeitete freiwillig als Eisenbieger. Er wurde aber schon früher entlassen, weil er wahrscheinlich »nur« bei der Wehrmacht gedient hatte oder gesundheitlich angeschlagen war.

Antifaschistische Aktivschule

Unsere russische Führung hatte nicht nur dafür zu sorgen, dass wir die Arbeitsnorm erfüllten, sondern sie hatte auch die Aufgabe, uns zu entnazifizieren und für den Kommunismus zu begeistern.

Dazu gab es eigene Veranstaltungen, an denen wir teilnehmen hätten sollen. Ich nahm nie daran teil. Bei diesen Veranstaltungen wurde unter den Teilnehmern für die »Antifaschistische Aktivschule« in Moskau geworben.

Zudem erklang fast täglich aus den Lautsprechern das Lied der kommunistischen Internationalen: »Völker höret die Signale!«

Wenn uns auf dem Weg zur Arbeit oder auf dem Heimweg ins Lager das Lagerkommando befahl: »Pjesni!« – »Singen!«, so mussten wir dieses Lied anstimmen.

Einige meiner Kameraden dichteten den Text des Liedes folgendermaßen um:

»Einst kommt der Tag der Rache,
einmal werden wir noch frei,
auch die Gefangenen in Russland
brechen die Ketten entzwei.

Wir holen alles nach,
was wir jetzt verpassen,
wir sind noch jung
und nicht vom Glück verlassen.

Einmal kommt der Tag,
der uns glücklich macht,
wo dann über uns
die Sonne wieder lacht.«

Da unser Lagerkommando kein Deutsch verstand, konnten wir fortan das Lied mit dem neuen Text singen.

Das Krankenrevier

Im Krankenrevier arbeitete eine russische Ärztin, die wir wegen ihrer menschlichen Art den »Engel von Rustavi« nannten.

Auch ich wurde öfters ins Krankenrevier eingeliefert. Einmal landete ich dort, als wir an der Wolgamündung bei Astrachan in einen Schneesturm geraten waren und Erfrierungen davongetragen hatten; ein zweites Mal wieder wegen Erfrierungen, die ich mir beim Pferdetransport zugezogen hatte, und das dritte Mal hatte ich hohes Fieber (vielleicht Typhus) und konnte fast nicht mehr aufrecht stehen.

Die Ärztin wollte mir eine Spritze geben und suchte nach einer Stelle an meinem abgemagerten Körper, wo es noch möglich sein könnte, die viel gebrauchte, stumpfe Nadel hineinzustechen. Schließlich fand sie an der Brust ein wenig Haut, wo sie mir die Spritze verabreichen konnte. Das schmerzte so sehr, dass ich ohnmächtig zusammenbrach.

Als ich aus der Ohnmacht erwachte, wollte ich auf mein Stockbett steigen, um mich hinzulegen. Unter mir lag ein sterbenskranker Kamerad, der meine Hand ergriff und sie mit seiner eiskalten Hand festhielt. Dabei murmelte er ganz undeutlich etwas vor sich hin, das ich leider nicht verstehen konnte. Das Einzige, das ich zu verstehen glaubte, war: »Meine Frau und meine Kinder…!« Bald darauf starb er und ließ meine Hand wieder los.

Wahrscheinlich wollte er mir eine letzte Botschaft an seine Frau und seine Kinder anvertrauen, aber leider konnte ich ihn nicht mehr verstehen.

Im Krankenrevier lagen viele sterbenskranke Kameraden in einem ganz elenden Zustand, der mich moralisch fertig machte. Ein leises Wimmern, Stöhnen, Jammern und Klagen ging durch den großen Raum und klang in meinen Ohren wie ein »Requiem«. Niemand konnte den Elenden helfen, nicht einmal die Ärztin, denn es fehlten die Medikamente. Die meisten hätte man wohl retten können, wenn die nötigen Medikamente vorhanden gewesen wären. Wer ins Krankenrevier eingeliefert wurde, musste damit rechnen, dass er lebend nicht mehr herauskam. Wer schon so geschwächt war, dass er nicht einmal mehr jammern konnte, der starb so lautlos dahin. Daher bat ich die

Ärztin ganz inständig, sie möge mich aus diesem Krankenrevier entlassen, denn ich zog es vor, am Arbeitsplatz zu sterben, als in dieser elenden Baracke zu krepieren.

Die Zeit im Hauptverpflegungslager

Nachdem die Ärztin meinen abgemagerten Körper eine Weile gemustert hatte, denn ich wog nur noch ungefähr 40 Kilogramm, entschloss sie sich, mich im Hauptverpflegungsmagazin als »Mädchen für alles« unterzubringen. Sie vertraute mich dem »Natschalnik« Oberst Ruchazi an, der Moskaudelegierter, das heißt von Moskau hierher geschickt worden war, und oberster Chef dieses Lagers war. Er war ein gebildeter, feiner Mensch. Er hat sich so rührend um mich gekümmert, als wäre ich sein Sohn. Durch ihn bekam ich Zutritt zu allen Verpflegungsmagazinen.

Im Auftrag von Oberst Ruchazi musste ich neben anderen leichteren Arbeiten auch seine Hühner und Hasen füttern.

In der großen Leergutbaracke, in der auch die Hasen und Hühner von Oberst Ruchazi frei herumlaufen konnten, befand sich ein eher verstecktes, geräumiges Lokal, das manchmal Oberst Ruchazi und ab und zu auch andere »Chefitäten« als Aufenthaltsraum nach Feierabend benutzten, um zu feiern oder auch um zwischenmenschliche Beziehungen zu pflegen.

Oberst Ruchazi beauftragte mich, den Raum am Morgen aufzuräumen, nachdem die letzten Besucher ihn verlassen hatten. Als ich am Morgen hinkam, verließen sie einer nach dem anderen möglichst unauffällig das Lokal, aber nie alle gleichzeitig. Auch hübsche Frauen waren dabei.

Der Raum war zwar primitiv, aber doch gemütlich eingerichtet, mit einem großen Tisch in der Mitte und mit einer Feuerstelle in einer Ecke, wo gekocht werden konnte.

Ich nehme an, dass die Frauen kochten und dann alle miteinander feierten. Die Lebensmittel zum Kochen konnten sie unbemerkt aus dem Verpflegungsmagazin holen.

Wenn ich am Morgen den Raum betrat, um ihn aufzuräumen, lagen auf dem Tisch noch Speisereste, die ich essen durfte. Einmal lag auf einem Teller sogar ein kleines Stück Wurst, das ich mit Genuss verzehrte. Es war die einzige Wurst, die ich in russischer Gefangenschaft zu essen bekam. Alle Speisereste waren pikant gewürzt und schmeckten vorzüglich nach mehr. Sie reichten aber nur, um die Lust auf ein gutes Essen zu steigern und das Hungergefühl noch mehr zu spüren.

Im Hauptverpflegungsmagazin befand sich eine Großbäckerei, wo rund um die Uhr für die russische Bevölkerung der ganzen Umgebung und auch für die Gefangenen Brot gebacken wurde. Die Kastenbrote wurden bis zur Verteilung in einem großen Lagerraum in großen Körben gelagert. Nach der Verteilung musste ich den Raum säubern und die Brotabfälle für die Hühner und Hasen einsammeln. Dabei hatte ich die Gelegenheit, die besten Brotkrumen mir unauffällig in den Mund zu stecken und meine Manteltaschen damit vollzustopfen für meine Kameraden im Lager, in das ich jeden Abend zurückkehren musste. Als ich abends im Lager ankam und unsere Baracke betrat, wurde ich von einigen Gefangenen umringt. Sie hielten mir die Hand entgegen in der Hoffnung, einige Brotkrumen zu bekommen, mit denen sie sich ein Brotsüppchen kochen konnten.

In der Großbäckerei arbeiteten deutsche Gefangene und auch russische Zivilisten, die aus verschiedenen Gegenden kamen, als Bäcker. Es gab Georgier, Armenier, Aserbaidschaner, und alle redeten unter sich in ihrer Muttersprache. Sie sprachen nur schlecht Russisch, so dass ich mich mit ihnen nicht gut verständigen konnte.

Auch die anderen Gefangenen versuchten Brotabfälle in ihren Manteltaschen ins Gefangenenlager zu schmuggeln, um ihre hungrigen Kameraden ein wenig aufzupäppeln.

Im Hauptverpflegungslager war auch ein Magazin, in dem das Mehl gelagert wurde.

Weiters gab es unterirdische, gewölbte Keller, in denen Kartoffeln und andere Feldfrüchte überwintert wurden.

Wenn ich im Mehllager zu tun hatte, sammelte ich das Mehl, das aus zerrissenen Säcken herausrieselte, in meinen Manteltaschen, brachte es ins Lager, und die Gefangenen backten sich daraus so eine Art Oblaten auf dem aus einer Blechtonne selbst gebastelten Ofen.

Einer, der immer auf mich wartete, war der Gefangene Oberst Ertmann, der mit dem Mehl, mit den Brotresten und mit den Feldfrüchten, die ich ergattern konnte, für uns ein Gefangenensüppchen zubereitete.

Es war nicht leicht, etwas Essbares zu bekommen, denn die Lebensmittellager wurden von Rotarmisten streng bewacht.

Als ich im Brotlagerraum arbeiten durfte und mich endlich mit Brotabfällen satt essen konnte, kam ich mir vor wie im Schlaraffenland.

Als ich ins Hauptverpflegungslager kam, hatte ich ein Körpergewicht um die 40 Kilogramm. Nach einem halben Jahr wog ich bereits 72 Kilo. Ich hatte also 32 Kilo zugenommen.

Zu dieser Zeit kam einmal ein Fotograf in unser Lager, und wer wollte, konnte sich fotografieren lassen. Auch von mir wollte er ein Foto machen. Mein Foto wurde in Tiflis ausgestellt, so erzählten mir russische Zivilisten, die in der Großbäckerei arbeiteten.

Vielleicht wollte man damit demonstrieren, wie gut es den deutschen Gefangenen in Russland erging. Ein kleines Foto, das ich vom Fotografen gegen Bezahlung erhalten hatte, schickte ich nach Hause. Meine Mutter brachte das kleine Foto zu einem Fotografen, der dann das kleine Bild vergrößerte. Es ist mein einziges Andenken aus der russischen Gefangenschaft (siehe Foto Titelbild!).

Einmal kam die Ärztin, die wir den »Engel von Rustavi« nannten und der ich es zu verdanken hatte, dass ich im Hauptverpflegungslager arbeiten durfte, zu Oberst Ruchazi in unser Lager. Als wir uns zufällig begegneten und sie mich so wohlgenährt sah, lächelte sie zufrieden, als ob sie sagen wollte: »Ich habe dich vor dem Hungertod gerettet!«

Hans Raffeiner in russischer Kriegsgefangenschaft in Rustavi. Die Ankunft eines Fotografen im Lager bot für die Gefangenen die Möglichkeit, sich fotografieren zu lassen. Das Foto entstand, nachdem Hans eine Beschäftigung im Hauptverpflegungsmagazin erhalten hatte, und wurde später in Tiflis öffentlich ausgestellt, um zu beweisen, wie »gut« es den Gefangenen im Lager ging.

Gleichzeitig aber bemerkte sie, dass meine Haare zu lang waren. Sie zog mir die Mütze vom Kopf, packte mich am Schopf und sagte lachend: »Die Haare müssen geschoren werden!« Sofort bedeckte ich mit beiden Händen meinen Kopf und flehte sie an: »Bitte lassen Sie mir die Haare!«, denn sie hatte mir schon einmal in Saganlug mit der Schere einen Haarschopf herausgeschnitten, weil ich mich immer versteckte, wenn wir zum Haareschneiden antreten mussten.

Mit einer Glatze herumzulaufen, war für mich unerträglich, besonders die abgemagerten Dystrophiker sahen mit dem Glatzkopf aus wie lebendige Totenschädel.

Noch etwas möchte ich erwähnen. Der Hunger hat mir in Russland so arg zugesetzt, dass mir in all den Jahren kein Bart gewachsen ist und ich mich somit nie rasieren musste. Als ich mit 22 Jahren nach Hause kam, dauerte es noch einige Monate, bis die ersten Barthaare zu sprießen begannen.

Hunger lässt auch Frauen verrohen

Im Gebiet rund um Rustavi waren nicht nur drei Lager mit deutschen Gefangenen, sondern auch zwei große russische Straflager, eines für Männer und das andere für Frauen.

Die Lebensmittel für das Verpflegungslager wurden per Bahn oder Lkw angeliefert und russische Frauen aus dem Straflager mussten die Lebensmittel ausladen, sortieren und in Boxen unterbringen. Einmal passierte etwas Unvorhergesehenes, als ein Waggon mit Mineralwasserflaschen ankam, die ausgeladen werden mussten. Die russischen Frauen aus dem Straflager hatten die Aufgabe, die Flaschen in die Boxen zu stellen. Ich musste kontrollieren, ob die Flaschen auch richtig gelagert wurden.

Eine von den schwer bewachten Frauen flüsterte mir heimlich zu, ob ich für sie ein Stück Brot besorgen könnte. Ich hatte großes Mitleid mit ihr und versuchte ihr heimlich ein Stück Brot zuzuschieben, das ich zufällig in der Jackentasche hatte. Einige Frauen bemerkten es, fielen über sie her und schlugen ihr eine Flasche über den Kopf, sodass ihr das Blut über das Gesicht rann und sie zusammenbrach. Es entstand eine so heftige Rauferei, dass die Wachsoldaten mit ihren Gewehrkolben eingreifen mussten, um wieder Ordnung zu schaffen.

Ich musste zusehen, wie die Frauen von den Wachsoldaten brutal niedergeschlagen wurden. Die grausame Szene kann ich nicht vergessen.

Ansteckungsgefahr

Bei jeder Begegnung mit den weiblichen russischen Strafgefangenen musste ich mich in Acht nehmen. Eine armenische Frau, die geschlechtskrank war, hielt mich einmal mit aller Gewalt fest. Zum Glück stand in der Nähe ein Besen, mit dem ich mich zur Wehr setzen und mich befreien konnte.

Ein anderes Mal, als eine Kolonne von weiblichen Strafgefangenen (»Saglitschony«) an mir vorbeizog, trat plötzlich eine davon aus der Kolonne und riss mir den Russenkittel vom Leib.

Die russischen Ärztinnen ermahnten uns Gefangene öfters, uns ja nicht mit strafgefangenen Frauen einzulassen, weil sich darunter mehrere geschlechtskranke Frauen befänden. Ein deutscher Gefangener schrieb uns zur Warnung folgenden Vers:

Vorsicht vor Frauen
sollst ihnen nicht trauen,
das rat ich dir,
sonst bekommst du Stumpfsinn im Kopf
und wanderst als armer Tropf
ins Krankenrevier
nach Tifelis
mit Syphilis.

Kraut und türkische Gurken

Im Hauptverpflegungslager befanden sich in einer riesigen Halle ein paar große betonierte Bassins, in denen faustgroße Krautköpfe eingestampft wurden. Auch Auberginen (Melanzane), die wir türkische Gurken nannten, wurden für den Winter aufbewahrt. Die Krautköpfe wurden von Lkws herbeigebracht und auf eine Betonfläche gekippt. Nun mussten Frauen aus dem Straflager die Krautköpfe zuerst mit Wasser aus einem Schlauch reinigen und darauf mit Schaufeln ins Bassin schieben. Dann stiegen alle Frauen barfuß ins Bassin, wo sie einige Stunden lang auf den kleinen Krautköpfen herumtrampeln mussten, bis sie fest eingestampft waren und zu Sauerkraut vergären konnten. Die türkischen Gurken hingegen wurden in kleinen Gefäßen aufbewahrt.

Im Winter wurde das Sauerkraut in kleinen Behältern in die Stolawajas der Umgebung gebracht, das waren staatliche Läden oder Magazine, wo die wichtigsten Lebensmittel für die Zivilbevölkerung zur Verfügung standen. Auch wir Gefangenen bekamen manchmal eine Krautsuppe, die gar nicht so übel schmeckte. Hunger ist der beste Koch!

Zweifel an meiner Nationalität

Im Herbst 1948, zur Erntezeit, wurde ich beauftragt, bei der Melonen- und Tomatenernte in Karabach (Aserbaidschan) mitzuhelfen. Schon am zweiten Tag kam die russische Geheimpolizei mit einem Jeep und wollte mich zu einer Vernehmung ins Lager abholen. Unter den vielen Erntehelferinnen war eine Agronomin, welche die Leitung innehatte. Sie protestierte, als sie mich wegholten, und sagte: »Lasst doch endlich diese armen Gefangenen in Ruhe!« Daraufhin versprachen die Polizisten, mich am gleichen Tag noch zurückzubringen. Ich wurde verhört, weil man Zweifel an meiner Nationalität hatte. Ich hatte mich immer als Österreicher ausgegeben mit der Adresse »Innsbruck, Höhenstraße 6«, weil dort mein Pate wohnte und ich mich von meinen Kameraden nicht trennen wollte. Denn auch meine Südtiroler Kameraden hatten sich als Österreicher ausgegeben. Außerdem wäre es gefährlicher gewesen, als Italiener aufzuscheinen. Wir trugen nämlich den SS-Stempel, und als Italiener hätte man eventuell als freiwilliges Mitglied der SS gegolten, was unter Umständen schwerwiegende Folgen nach sich gezogen hätte. Freiwillige Mitglieder der SS wurden nämlich nach Sibirien gebracht. In Wirklichkeit waren wir gegen unseren Willen der SS zugeteilt worden.

Meine Angehörigen zu Hause hatten über das Rote Kreuz versucht, mich ausfindig zu machen, und gaben dabei meine wahre Adresse an: »Laas, Provinz Bozen, Italien«. Das hatte wahrscheinlich meine Vorgesetzten stutzig gemacht.

Auch Holländer, Belgier und Mitglieder anderer Nationen, die für Hitlerdeutschland freiwillig in den Krieg gezogen waren, gaben sich in russischer Gefangenschaft als Österreicher aus.

Als meine Nationalität geklärt war – man glaubte mir, dass ich Österreicher sei – brachte mich die Polizei wieder auf das Feld zurück.

Die Agronomin, welche die Leitung bei der Arbeit innehatte, war eine gutmütige Frau. Beim Verladen der Melonen stand sie auf dem Lastwagen, um die Melonen gleichmäßig zu verteilen. Da ließ sie absichtlich ab und zu eine Melone auf den Boden hinunterkollern und sagte zu mir: »Pakuschi!«, was zu Deutsch bedeutet: »Du darfst sie essen!«

Es war eine angenehme Atmosphäre bei der Arbeit mit diesen Erntehelferinnen. Am Abend saßen die Frauen am Lagerfeuer und sangen ihre wehmütigen Lieder, die mir zu Herzen gingen.

Deutsche Siedlungen in Aserbaidschan

Die drei Kolchosen, in denen wir arbeiteten, hatten deutsche Namen: »Kolchose Thälmann«, »Kolchose Rosa« und »Kolchose Luxemburg.« In der Nähe befand sich eine Siedlung mit kleinen, zierlichen, gepflegten Holzhäuschen, die alle leer standen, was mich sehr verwunderte. Neben dieser Siedlung lag ein Friedhof, auf dessen Gräbern deutsche Namen standen. Durch Zufall traf ich einen alten Tataren, den ich fragte, wieso diese Häuser unbewohnt seien. Er gab mir zur Antwort, dass die deutschen Siedler, die schon seit einigen Generationen hier lebten und diese mustergültigen Felder angelegt hatten, im Jahre 1944 von Stalin nach Sibirien verschleppt worden waren. Ob sie jemals in ihre selbst erbauten, schmucken Häuschen zurückkehren durften?

Glück im Unglück

Die Feldfrüchte dieser Kolchose wurden in alle Richtungen mit Lkw versandt. Auch in unser Versorgungslager wurden mit einigen Lastwagen Melonen, Tomaten, Kartoffeln und andere Feldfrüchte gebracht.

Nachdem alle Verpflegungslager der Umgebung mit der nötigen Menge an Lebensmitteln versorgt waren, blieb uns ein kleiner Überschuss übrig. Mit Einverständnis von Oberst Ruchazi gelang es mir, einen Teil des Überschusses in unser Lager zu schmuggeln, und zwar auf ganz raffinierte Weise. Hunger macht erfinderisch.

Einer meiner Kameraden hatte die Aufgabe, mit einem Lkw, auf dem sich ein Wassertank befand, Trinkwasser in das Lager zu bringen. Diesen Wassertank füllten wir anstatt mit Wasser mit den erbeuteten Feldfrüchten wie Melonen, Tomaten, Kartoffeln. Dabei mussten wir drei Kontrollsperren passieren. Ich war der Meinung, dass der Fahrer wie üblich die Fahrt ins Lager alleine machen würde, aber er bestand darauf, dass ich mitkommen müsse. Uns beiden war klar, dass wir ein Risiko eingingen und wir hofften auf gut Glück. Wir konnten die erste und zweite Sperre ungehindert ohne Kontrolle passieren. Aber die dritte Sperre wäre uns beinahe zum Verhängnis geworden. Ich stand auf dem Trittbrett des Fahrzeuges, als ich sah, wie der Wachtposten, der als brutal bekannt war, sich uns näherte und kontrollieren wollte. In der Aufregung sprang ich im Fahren vom Trittbrett und kam unter die Hinterräder des kleinen Lastwagens. Ich hatte Glück im Unglück, denn die Straße war vom vielen Regen aufgeweicht, sodass ich fast unversehrt, aber ganz benommen mit dem Schrecken davonkam. Mein Unfall kam uns beiden zugute, denn auf Grund dessen wurden wir nicht mehr kontrolliert, sodass wir glücklich mit der Ware in unserem Lager ankamen.

Kupferringlein für die russischen Frauen

Da ich kein Spezialist war, bekam ich keinen Lohn. Daher versuchte ich anderweitig ein paar Rubel zu verdienen, um einigermaßen überleben zu können. Ein paar arbeitsunfähige Kameraden bastelten aus Kupferdraht Ringe mit einem bunten Stein und polierten sie auf Hochglanz. Ich bekam die Aufgabe, die Ringe zu verkaufen. Ein Ring kostete drei Rubel oder 1 kg Brot. Es war nicht schwer, Abnehmer für die Ringe zu finden, da die russischen Frauen keinen Schmuck besaßen. Ich hatte einen Ausweis, der mir erlaubte, mich frei zu bewegen, daher hatte ich Kontakt mit russischen Frauen.

Mit der Zeit verloren die Ringe ihren Glanz und die Frauen wurden misstrauisch. Da gab ich ihnen den Rat, die Ringe am Ärmel durch Reiben aufzupolieren. Sie taten es und die Ringe glänzten wieder. Das verdiente Geld teilten wir Gefangene untereinander, das Brot brachte ich den arbeitsunfähigen Kameraden, die sich darüber sehr freuten.

Lukas, der Seifenhersteller

Den Dystrophikern in unserem Lager erging es am allerschlechtesten. Da sie nicht arbeiten konnten, bekamen sie nur die niedrigste Brotration. Die hohen Offiziere im Lager brauchten nicht zu arbeiten und bekamen Weißbrot zu essen. Oberst Ertmann gab mir sein Weißbrot und bekam von mir das Schwarzbrot. Ich hatte das Gefühl, dass die hohen Offiziere sich langweilten, weil sie keine Aufgabe zu erfüllen hatten. Sie redeten immer weniger und mit der Zeit verstummten auch wir. In den Baracken herrschte beinahe Totenstille.

Unter den Dystrophikern war ein kleiner Mann von fast zwergenhafter Gestalt, der lange hin und her überlegte, wie er zu ein paar Rubeln für sich und seine kranken Kameraden kommen könnte. Lukas, so hieß er, war ein findiger Kopf und kam auf die Idee, Seifen herzustellen, die ich für ihn verkaufen sollte. Da ich im Außendienst tätig war, hatte ich Kontakt mit russischen Zivilisten.

Wir Gefangene bekamen ab und zu einen kleinen Seifenwürfel. Ein paar Kameraden verzichteten auf ihre Seife und schenkten sie Lukas. In einem Winkel unserer Baracke hatten sich die Dystrophiker mit Abfallmaterial einen kleinen Verschlag gebaut.

Diesen versteckten Raum benutzte Lukas, um die Seifen einzuschmelzen und neue daraus zu machen. Aus Lehm modellierte oder knetete er eine Seifenform, tauchte sie in die flüssige Seifenlauge und ließ sie erkalten. Die gewonnenen Seifen sahen ganz echt aus. Zudem drückte er ihnen noch den russischen Stempel auf und verpackte sie fein säuberlich in Zementpapier.

Nun bekam ich die Aufgabe, die Seifen an russische Frauen zu verkaufen. Ich musste versuchen, die Seifen unauffällig aus dem Lager zu schmuggeln. Ich band die Ärmel der Steppjacke unten zu, steckte die Seifen in die Ärmel und legte mir die Jacke über die Schultern, ohne die Arme in die Ärmel zu stecken. Es gelang mir, die Seifen zu verkaufen, und ich brachte den Erlös Lukas, der sich sehr darüber freute.

Er fabrizierte weiterhin solche Seifen, und ich tat ihm den Gefallen und verkaufte sie, damit er mit dem Geld für sich und seine kranken Kameraden zur Mindestration Brot ein wenig Margarine kaufen konnte.

Einmal, als besonders viele Seifen in meinen Ärmeln steckten, sodass die Ärmel steif hinausstanden, begegnete ich unserem russischen Wachoffizier.

Er wollte wissen, was in meinen Ärmeln steckte und führte mich in die Wachstube. Dort musste ich auspacken und die Seifen auf den Tisch legen. Dann sagte er mir, dass er mich schon seit längerer Zeit beobachtet habe. Darauf telefonierte er an die Hauptverwaltung mit den Worten: »Kommt her, ich habe einen interessanten Vogel gefangen!« Es dauerte nicht lange, da standen die Bosse der Lagerverwaltung vor mir und prüften die Ware. Sie nahmen ein Messer und schnitten eine Seife auseinander. Als sie den Inhalt der Seifen sahen, brachen sie in ein Gelächter aus und wollten die Herstellungsfirma sehen. Ich musste sie in unsere Baracke führen und den Bretterverschlag zeigen, in dem die Seifen hergestellt wurden. Sie öffneten den Verschlag und trafen Lukas mit ein paar Kumpels, die gerade Seifen fabrizierten. Sie lachten wieder und staunten über die Spitzfindigkeit der deutschen Gefangenen. Einer von den Bossen meinte: »Könnt ihr auch Pistolen herstellen?«

Der Hauptboss aber sagte halb scherzend und halb im Ernst: »In Sibirien gibt es Knetmasse genug zum Seifenmachen.«

Als wir das Wort Sibirien hörten, erschraken wir nicht wenig. Ich wagte es nicht mehr, Seifen aus dem Lager zu schmuggeln, um sie zu verkaufen. Ob die Hersteller einen anderen Verkäufer gefunden haben, weiß ich nicht.

Im Rattenkeller

Der politische Kommissar muss überzeugt gewesen sein, dass ich mir wegen dieser Angelegenheit eine Strafe verdient hatte und ließ mich daher nicht ungeschoren davonkommen.

Eines Abends holte er mich aus der Baracke, sperrte mich in einen dunklen, unheimlichen Schuppen und verriegelte das Tor.

Als sich meine Augen allmählich an die Dunkelheit gewöhnt hatten, sah ich, dass ich in einem kleinen Vorraum stand, denn gegenüber dem Eingangstor war noch eine verschlossene Tür, die nicht ganz bis zum Boden reichte. Unter dieser morschen Brettertür krochen abscheuliche, Ekel erregende Ratten hervor, umkreisten und beschnupperten mich und einige versuchten sogar über meine Hosenbeine hochzuklettern. Ich geriet in Panik und begann zu stampfen und zu zappeln, aber die grausigen Bestien wollten nicht von mir ablassen. Ich muss in der Verzweiflung um Hilfe geschrien haben, denn plötzlich vernahm ich die Stimme unseres deutschen Lagerkommandanten Max Pablik, der mit dem Kommissar vor dem Schuppentor in einem Wortgefecht um meine Befreiung kämpfte. Der Lagerkommandant schrie: »Gebt den Gefangenen mehr zu essen, dann passiert so etwas nicht.« Schließlich gab der politische Kommissar nach, sperrte das Tor auf und ließ mich heraus.

Was der Raum hinter der zweiten Tür für einen Zweck erfüllte, erfuhr ich zum Glück erst später. Es war nämlich ein unterirdischer Kellerraum, in dem die Leichen der verstorbenen Gefangenen mit Kalk überschüttet und aufbewahrt wurden, bevor sie auf dem Schakalberg ihr Grab fanden.

Der Kleiderbügel

Den Wachoffizier, der mich mit den Seifen entdeckt hatte, nannten wir den Kleiderbügel, weil er im Gegensatz zu anderen russischen Offizieren sehr eitel war. Jeden Tag erschien er wie in Paradeuniform in unserem Lager, Hose und Jacke frisch gebügelt und die Stiefel gewichst, dass sie glänzten wie neu. Dazu war er noch groß, schlank und dunkelhaarig, ein rassiger Grusinier. Er legte auch großen Wert darauf, dass wir mit Hochachtung salutierten. Manche von uns taten es ab und zu absichtlich mit dem Hitlergruß. Das ärgerte ihn sehr, was er uns mit einer abfälligen Handbewegung zu verstehen gab.

Als Mensch war er nicht unangenehm und im Allgemeinen auch nicht kleinlich. Er kontrollierte kaum, was wir ins Lager brachten, aber dass man etwas aus dem Lager schleppen konnte, wunderte ihn. Schließlich musste er auch seine Pflicht erfüllen.

Die Aufgabe des Wachoffiziers bestand darin, uns zu überwachen, wenn wir im Lager ein und aus gingen. Vor dem Lagereingangstor stand sein Wachlokal, von dem aus er alles beobachten konnte.

Jeden Morgen rückte ein Bataillon von Wachsoldaten singend heran, die dann die Gefangenen zu den verschiedenen Baustellen begleiten mussten.

Hunger macht erfinderisch

Im Hauptverpflegungslager arbeiteten mit mir zwei Mitgefangene, einer namens Heinz aus dem Ruhrgebiet und ein Sudetendeutscher namens Winkler. Sie sprachen gut Russisch und hatten die ganze Aufsicht und Verantwortung über, wenn unser Natschalnik abwesend war, was öfters passierte. Tussia, die Sekretärin, mit der sich Winkler gut verstand, führte die Büroarbeiten.

Heinz und Winkler mussten die Waren (Kartoffeln, Melonen, Getreide, Mehl, Gemüse usw.), die von den Kolchosen auf Lastwagen oder Waggons zu uns ins Lager gebracht wurden, von russischen Strafgefangenen abladen und in die Boxen oder unterirdischen Keller bringen lassen. Dort wurden die Waren gewogen und gelagert, bis sie mit kleineren Lastwagen in der ganzen Gegend verteilt wurden. Unter den russischen Strafgefangenen waren auch viele Frauen, die schwere Säcke tragen mussten. Sie sahen zerschunden, verwahrlost und verbittert aus, die armen Frauen.

Als einmal zur Zeit der Kartoffelernte ein Lastwagen voll Kartoffeln im Hauptverpflegungslager eintraf, mussten russische Strafgefangene, darunter auch Frauen, und einige von uns beim Abladen helfen. Im Hauptverpflegungslager gab es sehr lange, fast unterirdische, gewölbte Keller, wo nur die oberste Wölbung des Gewölbes über dem Boden herausragte, so dass die Feldfrüchte kühl gelagert werden konnten und lange haltbar blieben. Entlang der Seitenwände des langen Kellers befanden sich links und rechts Boxen, in denen die Früchte verstaut wurden.

Bevor die Kartoffeln in die Boxen getragen wurden, mussten sie gewogen werden. Die Waage befand sich gleich nach dem Kellereingang. Unser Kamerad Heinz hatte die Aufgabe, die Waage zu bedienen. Bevor die erste Kartoffelkiste auf die Waage gestellt wurde, prüfte der Spediteur die Waage, in dem er sich selber draufstellte und sein Körpergewicht, die leeren Kartoffelkisten und die Gewichte kontrollierte. Ein Mitgefangener namens »Jupp«, was so viel bedeutet wie bei uns »Sepp«, war ein großwüchsiger, kräftig gebauter Bursche, der sehr schlau und erfinderisch war, wenn es darum ging, für uns Gefangene ein paar Kilo mehr zu ergattern. Er ließ sich von seinen Kameraden, die in der Schmiede arbeiteten, gefälschte Gewichte herstellen, die um ein paar Gramm schwerer waren als die normalen Gewichte. Sobald sich der Spediteur gewogen und die Gewichte kontrolliert hatte, tauschte »Jupp« unauffällig die Gewichte aus, die er in seinen großen Rocktaschen verstaut hatte, sodass vielleicht auf 100 kg Kartoffeln ein paar kg für uns Gefangene herausschauten. Beim Abladen der Kartoffeln musste er auch mithelfen. Wenn es ihm nicht gelang, die Gewichte auszutauschen, versuchte er unauffällig die Waage zu manipulieren. Sobald eine Kartoffelkiste auf der Waage stand, stellte er sich lässig neben die Waage und manipulierte sie mit einem Knie, so dass die Waage etwas weniger Gewicht anzeigte, als in Wirklichkeit darauf war.

Tussia, die von ihrem Bürofenster diese Manipulation gut beobachten konnte, tat so, als hätte sie nichts bemerkt, denn es war auch für die russischen Strafgefangenen von Vorteil, wenn ein kleiner Überschuss vorhanden war.

Unser Natschalnik Oberst Ruchazi tat auch so, als würde er nichts bemerken. Er drückte meistens ein Auge zu, wenn er uns helfen konnte. Nur manchmal ermahnte er uns, es nicht zu übertreiben, um nicht in Sibirien zu landen.

Ich selber brauchte keine Kisten zu tragen, weil ich nach Meinung des Natschalniks zu schwach dazu war. Ich brauchte nur die Kistenträger durch den Keller zu dirigieren.

Tussia, die Sekretärin, musste das Gewicht jeder einzelnen Kartoffelkiste notieren und zuletzt alles zusammenzählen. Zum Rechnen benutzte sie ein primitives Gerät mit verschiebbaren Kugeln.

Als der Spediteur das Endergebnis erfuhr, wurde er wütend, denn es stimmte mit seinem vermeintlichen Gewicht nicht überein. Er begann zu toben und zu fluchen, zog einen Dolch aus seinem Stiefel und ging auf mich los, als ob ich schuld daran wäre. Ich geriet in Panik und ergriff eiligst die Flucht durch den langen, dunklen Keller und verschwand in einer Box. Sofort holte ihn unser »Natschalnik« ein und stellte ihn zur Rede. Zwischen den beiden kam es zu einer heftigen Auseinandersetzung. Unser Natschalnik Oberst Ruchazi verteidigte uns »Plienis« (Gefangene) und meinte, der Spediteur hätte auf der langen Fahrt hierher besser auf die Waren aufpassen sollen. Wer weiß, was alles passieren konnte, während er an jeder Kneipe Halt machte, um sich zu besaufen. Während ich in der finsteren Box um mein Leben zitterte, machte sich »Jupp« unbemerkt aus dem Staub. Als der Spediteur fluchend wieder abgezogen war, konnte ich mein Versteck verlassen.

Eine gefährliche Aktion

Einmal zur Herbstzeit nach der Kartoffelernte fuhr ein Güterzug voll beladen mit Kartoffelsäcken ins Hauptverpflegungslager. Russische Strafgefangene und einige von uns mussten Sack für Sack auf die Schultern nehmen und in den Keller tragen, wo die Säcke in den entsprechenden Boxen verstaut wurden. Diesmal musste auch ich beim Säckeschleppen mithelfen.

Diese unterirdischen Keller waren alle weit über hundert Meter lang und hatten zwei Eingänge, einen vorn und einen hinten. Der Güterzug stand vor dem Hintereingang, weil nur von dort aus ein Anschlussgleis mit dem Bahnnetz verbunden war. Die Lastkraftwagen hingegen brachten die Waren immer zum Vordereingang.

Nachdem ich schon mehrere Säcke in die Boxen getragen hatte, dachte ich mir, dass ich einen Sack für meine hungrigen OK-Männer und für die Dystrophiker beiseiteschaffen sollte. »Wenn ich dann am Abend ins Hauptlager zurückkehren muss, könnte ich jedes Mal ein paar Kartoffeln in meine Jackentasche stecken und ins Lager schmuggeln, bis der Vorrat zu Ende ist«, dachte ich mir. Anstatt den nächsten Sack durch den Hintereingang in den Keller zu tragen, ging ich außen herum in Richtung Vordereingang, wo ich den Sack gleich nach dem Kellereingang hinter dem Büro von Tussia in meiner Box verstauen wollte. Auch Winkler und Heinz hatten so wie ich eine eigene Box, in der wir unsere persönlichen Sachen verstauen konnten.

Ein bewaffneter Rotarmist, der das Abladen der Kartoffeln überwachen musste, wurde auf mich aufmerksam, verfolgte mich, und da ich nicht stehen blieb, als er »Stoi!« rief, schoss er mir in den Kartoffelsack. Zum Glück trat die Kugel auf der anderen Seite des Sackes wieder hinaus und ich blieb unverletzt. Ich lief eiligst weiter, sodass es mir gelang, den Sack in meiner Box zu verstauen. Auch ich versteckte mich darin und kam erst wieder heraus, als die Arbeit getan war und alle sich zurückgezogen hatten.

Hätte mich die Kugel des Rotarmisten getroffen und getötet, hätte kein Hahn nach mir gekräht. Meine Kameraden hätten gesagt: »Der hat es geschafft!« Und der Rotarmist hätte nur seine Pflicht getan.

Manchmal ermahnte uns Oberst Ruchazi, beim Klauen vorsichtiger zu sein, sonst könnte er samt uns in Sibirien landen. »Ich weiß«, sagte er, »dass das, was ihr aus Hunger mitgehen lasst, nur Kleinigkeiten sind im Vergleich zu dem, was meine Leute klauen. Aber Vorsicht ist dennoch am Platz! Hoffentlich könnt ihr noch normal leben, wenn ihr nach Hause kommt.«

Ein Auto für den Natschalnik

In der Nähe unseres Lagers befand sich ein ganzer Berg mit allen möglichen Bestandteilen von Maschinen und Autos, die aus Deutschland stammten. Die russischen Besatzer hatten nach dem Zweiten Weltkrieg die Fabriken ihrer besetzten Gebiete geplündert und die zerlegten Bestandteile nach Russland gebracht.

Unter meinen Mitgefangenen befanden sich auch Mechaniker und andere Spezialisten. Heinz und Winkler gaben einmal den Mechanikern den Auftrag, Autobestandteile auf dem oben genannten Bestandteilberg zu suchen und damit ein Auto zusammenzubauen.

Es dauerte nicht allzu lange, da saß Winkler im neuen Auto und fuhr direkt zu unserem geschätzten Natschalnik Oberst Ruchazi, um ihm das Auto zu schenken, als Dank dafür, dass er uns Gefangene immer so wohlwollend und menschlich behandelte, was nicht bei allen Vorgesetzten der Fall war.

Unser Natschalnik war angenehm überrascht und staunte nicht wenig über die Spitzfindigkeit und Tüchtigkeit der deutschen Gefangenen.

Von nun an konnte er mit dem Auto direkt vom Lager aus ohne Umwege nach Tiflis zu seiner Familie fahren.

Diese Geschichte mag für manche unwahrscheinlich klingen, sie ist aber trotzdem wahr.

Rätselhafte Überraschung

Einmal musste ich auf Befehl von unserem Natschalnik Oberst Ruchazi einen Rotarmisten in die Gegend von Kutaissi begleiten. Der Rotarmist kam zu uns ins Hauptverpflegungslager mit einem kleineren Lastwagen, auf den wir mehrere verschlossene Kisten aufladen mussten. Was in den Kisten steckte, weiß ich nicht. Ich vermutete, dass es Zwiebeln waren, weil wir einmal bei Nacht und Nebel auf Anordnung unseres Natschalniks mehrere Kisten mit Zwiebeln vom Zwiebelkeller in den Leergutschuppen verfrachten und dort verstecken mussten. Zwiebeln waren für die Russen ein wichtiges Nahrungsmittel. Es hieß immer, die Zwiebel sei die russische Schokolade.

Ich musste den Rotarmisten begleiten, um ihm beim Abladen der Kisten zu helfen. Ich hatte nichts dagegen, denn so konnte ich wieder eine mir noch unbekannte Gegend Russlands kennenlernen.

Nach ein paar Stunden Autofahrt kamen wir in eine gepflegte Gegend mit schmucken, villenartigen Häuschen. Eines davon war mit einem hohen Drahtzaun umgeben. Hinter dem Zaun spielten zwei blonde Kinder und sprachen miteinander deutsch. Sofort rief ich aus dem Auto: »Seid ihr Deutsche?« Ohne mir zu antworten verschwanden die zwei Kinder fluchtartig im Haus. Ich bat meinen Fahrer anzuhalten, aber er fuhr leider weiter. Bald darauf erreichten wir die »Stolowaja«, das Magazin an der Verteilungsstelle, wo wir die Kisten abladen mussten.

Auf der Rückfahrt zerbrach ich mir den Kopf, wieso es in dieser Gegend deutsche Kinder gab. In unserem Lager angekommen, erzählte ich Winkler und Heinz davon. Sie wussten mir zu berichten, dass die Russen aus Ostdeutschland Wissenschaftler und Ingenieure nach Russland verschleppt hatten und dass diese dort streng überwacht arbeiten mussten. Sie wussten auch, dass die Gegend um Kutaissi ein begehrtes Urlaubsziel der Kremlherren sei. Auch Stalin selber stammte aus dieser Gegend.

Erste Entlassungen

Vom Ende des Jahres 1947 bis Mitte 1948 wurden die ersten Gefangenen entlassen und in einem offenen Lastenzug in Richtung Heimat geschickt. Bei der Fahrt in die Gefangenschaft hingegen waren die Waggons stark verriegelt gewesen.

Beim ersten Gefangenentransport in die Heimat waren hauptsächlich Kranke dabei, die ohnehin keine Leistung mehr brachten.

Dann wurden nach und nach die Gefangenen, die der Wehrmacht angehört hatten und denen man keine Kriegsverbrechen nachweisen konnte, entlassen.

Nur die mit dem Stempel unter dem Arm galten als Kriegsverbrecher-Verdächtige und mussten zusehen, wie die anderen nach Hause fahren durften.

Uns Zurückgebliebenen war elend zumute. Es überfielen uns von Neuem ein unsagbares Heimweh und Hoffnungslosigkeit. Uns wenige, die wir die Jüngsten und Unschuldigsten am Krieg waren, traf es besonders hart. Wir verstummten, weil uns der Schmerz die Kehle zuschnürte.

Meinem Kameraden Otto Pircher, der zwar auch einen Stempel unter dem Arm hatte, gelang es durch einen schlauen Trick, schon Anfang 1948 mit Gefangenen aus der Wehrmacht entlassen zu werden und nach Hause zu fahren.

Otto war mit einem deutschen Gefangenen von der Wehrmacht gut befreundet, der sich bereit erklärte, bei der Unterscheidung von Wehrmachts- und SS-Soldaten für ihn anzutreten und die Arme hochzuhalten. Es wurde nämlich kontrolliert, ob der Gefangene eine SS-Tätowierung unter dem Arm hatte oder nicht.

Die Kommission, die die Aussonderung durchführte, bestand aus Ärzten und hohen Offizieren, die uns noch nie gesehen hatten. Daher bemerkten sie auch nicht, dass Ottos Freund zweimal antrat, einmal, als Ottos Name aufgerufen wurde, und einmal, als er selbst aufgerufen wurde. Außerdem war es für sie nicht leicht möglich, sich schnell ein paar hundert neue Gesichter zu merken. Trotzdem war es für Otto und seinen Freund ein gewagtes Unterfangen, das auch hätte schief laufen können. Aber sie hatten Glück.

Otto erzählte mir später, dass er auf der ganzen Fahrt in die Heimat immer Angst hatte, als Mitglied der SS entdeckt zu werden, und sich bei jeder Kontrolle so gut wie möglich zu verstecken versuchte.

Pakete aus der Heimat

Im Laufe des Jahres 1948 erging es allen Gefangenen verpflegungsmäßig etwas besser. Bis dahin bekam jeder von uns nur 450 Gramm Brot pro Tag und danach 650 Gramm. Außerdem schickten die österreichische und die deutsche Regierung Lebensmittelpakete an die Gefangenen. Auch ich habe von der Tiroler Landesregierung dreimal ein Paket mit Zwieback und Ovomaltine erhalten.

Die russische Lagerverwaltung beneidete uns um diese Kostbarkeiten in den Paketen. Einmal musste ich einen Russen von der Lagerverwaltung sogar Ovomaltine kosten lassen.

Russische Staatsfeiertage

In der russischen Gefangenschaft gab es nur zwei wichtige Feiertage, und zwar den Tag der Arbeit und den Jahrestag der Oktoberrevolution. Am Tag der Arbeit wurden meist Sportfeste veranstaltet.

Einmal wurden 25 Gefangene ausgesucht, die eine solche Sportveranstaltung besuchen durften. Auch ich war darunter. Wir fuhren mit einem Lastwagen in Begleitung einiger bewaffneter Rotarmisten nach Tiflis zu einem riesengroßen Sportplatz, auf dem die verschiedensten Sportarten präsentiert und durchgeführt wurden.

Unsere Bewacher stellten uns irgendwo auf, wo wir stehend einige Spiele beobachten konnten. Wir alle trugen die Armbinde mit den russischen Anfangsbuchstaben für Wojna Plieni, was so viel bedeutet wie Kriegsgefangener.

Wie wir so dastanden und in alle Richtungen blickten, bemerkten wir in einiger Entfernung einige Männer in russischer Uniform auf einer offenen, überdachten Tribüne sitzend, in deren Mitte ein Mann saß, der aussah wie der leibhaftige Stalin selber. Wir schauten lange Zeit hin und einige von uns waren fest davon überzeugt, dass es Stalin sein musste. Ob er es wirklich war, konnten wir nicht in Erfahrung bringen.

Das verhängnisvolle Zeichen

Als zu Beginn des Jahres 1949 fast alle Wehrmachtssoldaten, alle Dystrophiker und OK-Männer, denen man keine Kriegsverbrechen nachweisen konnte, entlassen worden waren, wurden von den drei großen Gefangenenlagern zwei aufgelöst und die noch verbliebenen Soldaten, die kriegsverbrecherverdächtig waren, in unser Lager gebracht.

Den jüngsten Gefangenen, zu denen auch ich zählte, konnte man zwar keine Verbrechen nachweisen, es bestand aber die Meinung, wir mit unserer SS-Tätowierung unter dem Arm seien direkt von den Hitlerschergen ausgebildet worden und deshalb besonders fanatische Hitleranhänger und daher unberechenbar gefährlich.

Plötzlich kam Bewegung in unser Lager. Das Verwaltungsgebäude wurde umgebaut. Die großen Räume wurden abgeteilt, und daraus entstanden mehrere kleine Vernehmungslokale.

Aus unserem Lager wurde ein streng bewachtes Straflager. Sogar die Baustellen in Rustavi wurden mit Stacheldraht verhängt.

Es wurde mir verboten, im Hauptverpflegungslager zu arbeiten, wo ich achtzehn Monate lang Dienst getan hatte.

Darauf kam der Natschalnik Oberst Ruchazi in unser Lager, um sich bei der Geheimpolizei zu informieren, wieso ich nicht mehr diese Arbeit fortsetzen durfte. Es wurde mir erlaubt, noch eine Woche diesen Dienst zu versehen, dann war endgültig Schluss. In dieser letzten Woche rief mich Oberst Ruchazi in sein Büro und wollte von mir wissen, was mir zum Verhängnis geworden war. Ich zeigte ihm die unfreiwillige Tätowierung unter dem Arm und beteuerte ihm meine Unschuld. Oberst Ruchazi glaubte mir zwar, aber gegen die Meinung der Geheimpolizei hatte seine Anschauung kein Gewicht und keine Macht.

Schweigelager

Unser Lager wurde zu einem Schweigelager. Ab jetzt war es verboten, mit den russischen Zivilisten am Arbeitsplatz zu kommunizieren, und auch wir Gefangene hätten untereinander im Lager nicht sprechen dürfen, was wir aber nicht so ernst nahmen, wenn wir uns unbeobachtet fühlten.

Die russischen Zivilisten am Arbeitsplatz nahmen Abstand von uns, weil ihnen eingeschärft wurde, dass wir die wahren und unberechenbaren Kriegsverbrecher seien, vor denen man sich in Acht nehmen müsse. Wir bekamen es mit der Angst zu tun, und die Hoffnung auf Entlassung schwand gänzlich.

Wir begannen heimlich Fluchtpläne zu schmieden. Die paar Rubel, die ich im Laufe der Jahre durch »Fuggern« verdienen konnte und mit denen ich immer sehr sparsam umgegangen war, wären uns auf der Flucht zugute gekommen. Ich ließ mir von einem Schuster aus der Lagerschusterei einen Lederbeutel nähen, den man wie eine Halskette unter dem Russenkittel tragen konnte. Ich trug den Geldbeutel Tag und Nacht bei mir. In der Nacht schlief ich immer mit über der Brust gekreuzten Armen, damit mir niemand das Geld im Schlaf rauben konnte. Wenn ich wieder mehrere Kopeken beisammenhatte, wechselte ich sie beim Kiosk in Papierscheine um, weil diese weniger Platz einnahmen. Wenn nach fünfjähriger Gefangenschaft immer noch keine Aussicht auf Entlassung bestehen sollte, wollten wir auf Biegen oder Brechen die Flucht wagen. Um auf der Flucht nicht verhungern zu müssen, gedachten wir Brot zu trocknen, um es haltbarer zu machen. Auch mein Freund Max Wieser aus Schlanders beteiligte sich eine Zeit lang daran. Aber als wir sahen, wie Ausbrecher wieder zurückgebracht und vermöbelt wurden, erlosch auch dieser Funke Hoffnung.

Arbeit im Sägewerk

Jetzt wurde ich einer sechzig Mann starken Brigade in einem Tischlerei- und Sägewerkbetrieb zugeteilt.

Das Sägewerk befand sich auf einem riesigen, eingezäunten Gelände, auf dem die geschnittenen Bretter zum Trocknen gestapelt werden konnten. Es standen dort mehrere Vollgatter (Sägen), die Tag und Nacht in Betrieb waren und von deutschen Gefangenen bedient werden mussten. Die Baumstämme, meist Fichten, wurden mit der Eisenbahn direkt ins Sägewerk gebracht. Alle Arbeiten im Sägewerk mussten deutsche Gefangene verrichten, auch das Abladen der Baumstämme und das Aufstapeln der Bretter. Für diese Arbeit hatte sich die russische Führung große, kräftige Männer ausgesucht, sie besser ernährt, damit sie mehr leisten und den Fünfjahresplan erfüllen konnten. Diese Männer bekamen auch eine höhere Besoldung. Das ganze Gelände wurde schwer bewacht. Ringsum standen mehrere Wachttürme, damit niemand fliehen konnte.

Ich bekam von Obersturmführer Knoza, einem deutschen Gefangenen wie ich, den Auftrag, den Trockenraum zu bedienen. Im Trockenraum wurden die Bretter mit Hilfe eines elektrischen Heißluftofens getrocknet, bevor sie im Tischlereibetrieb landeten.

Ich hatte die Aufgabe, die Bretter, die mir die Holzarbeiter hergerichtet hatten, auf einen Rollwagen zu legen und in den Trockenraum zu schieben. Im Trockenraum war Platz für drei Rollwagen nebeneinander. Zwischen die einzelnen Bretterlagen kam eine kurze, vier Zentimeter dicke Querleiste, damit die Bretter besser durchlüftet wurden. Die Rollwagen liefen auf Schienen, die man je nach Bedarf verschieben konnte.

An einer Wand des großen Trockenraumes war eine kleine Zelle, von der aus ich den Heißluftofen bedienen konnte. Die Zelle hatte ein kleines, verglastes Fenster zum Trockenraum. Sobald der Heißluftofen eingeschaltet war, entwickelten sich im Trockenraum eine derartige Hitze und Luftbewegung, dass es nicht zum Aushalten gewesen wäre.

Nach einer Stunde waren die Bretter trocken genug, sodass der Ofen ausgeschaltet, die drei Rollwagen in den Nebenraum geschoben und die Bretter abgeladen werden konnten. Dieser Nebenraum befand sich zwischen dem Trockenraum und der Tischlerei, in der Knoza arbeitete.

Nun musste ich die nächsten Bretterstapel mit den drei Rollwagen holen und trocknen lassen und so weiter bis zum Feierabend. Vor dem Feierabend musste ich drei Rollwagen nebeneinander in den Trockenraum stellen, den Ofen auf das Minimum einstellen, sodass die drei Bretterstapel über Nacht trocknen konnten.

Ich hatte das Glück, vier Monate lang in diesem Betrieb zu arbeiten, und ich bekam zum ersten Mal sogar eine bescheidene, aber willkommene Entlohnung von ungefähr 40 Rubel im Monat, während die Spezialisten und Schwerarbeiter 150 bis 200 Rubel verdienten.

Knoza, ein Gefangener mit Mut und Courage

Knoza war ein gut ausgebildeter Techniker, vor dem sogar die russische Führung eine hohe Achtung hatte.

Schon seit längerer Zeit musste er russische Jugendliche in dieser Branche ausbilden. Er war mit ihnen sehr streng, sodass sie sich manchmal bei der russischen Führung beklagten, aber Knoza fürchtete sich vor niemandem, denn er wusste, dass man auf ihn angewiesen war. Ohne ihn wäre der Fünfjahresplan nicht durchführbar gewesen.

Das Sägewerk mit dem Tischlereibetrieb war ungefähr drei Kilometer von unserem Lager entfernt. Auf dem Weg dorthin wurden wir von 25 jungen Rotarmisten aus der Stalingarde mit aufgepflanztem Gewehr angetrieben mit den Worten »dawaj bystryj«, »los, schnell«, sodass wir schon erschöpft zur Arbeitsstelle kamen.

Knoza ließ sich das nicht länger gefallen und ging einmal als Letzter hinten nach. Als ihn der russische Wachoffizier mit der

Pistole im Rücken zum Schnellergehen anfeuerte, drehte sich Knoza plötzlich um und riss dem Wachoffizier die Pistole aus der Hand und rief: »Ruki wjerch!«, was so viel heißt wie »Hände hoch!« Der russische Offizier stand entmachtet und verdutzt da, und auch wir waren überrascht über so viel Mut und Courage.

Auf dem Arbeitsplatz angekommen, mussten wir uns auf Befehl Knozas vor dem Verwaltungsgebäude aufstellen und warten, bis die russische Führung kam und uns zur Rede stellte.

Knoza erklärte der Obrigkeit auf Russisch, dass wir keine Leistung erbringen könnten, wenn wir im Eiltempo zum Arbeitsplatz getrieben würden und dort erschöpft ankämen. Daraufhin wurden unsere Antreiber von ihren Vorgesetzten zurechtgewiesen, und wir konnten künftig normalen Schrittes zur Arbeit gehen.

Knoza war eine Persönlichkeit mit einer Ausstrahlung, der sich sogar die russische Obrigkeit beugte. Auch wir rührten uns erst von der Stelle, als Knoza uns den Befehl gab: »Ab zur Arbeit!«

Der verhasste Spion

Ein russischer Oberleutnant, den wir den Totschläger nannten, weil er uns Gefangene hasste und uns gerne prügelte, wollte uns Ordnung und Disziplin beibringen. Wir vermuteten, dass er Deutsch verstand, weil er sich auf jeder Baustelle herumschlich, sich in unserer Nähe versteckte, uns aushorchte und der Geheimpolizei meldete, was er über uns erfahren konnte. Besonders gerne schnüffelte er im Sägewerk herum, wo er sich hinter den riesigen Bretterstapeln gut verstecken konnte, um die Holzarbeiter unbemerkt zu beobachten und auszuhorchen. In diesem Sägewerk wurde rund um die Uhr in drei Schichten Tag und Nacht gearbeitet. Die Holzarbeiter waren raue Haudegen, die sich nicht gerne schikanieren ließen.

Während wir einmal beim Schichtwechsel auf dem Weg zum Sägewerk den zurückkehrenden Nachtschichtarbeitern begegneten, riefen sie uns zu: »Hau ruck gemacht und Holzstapel sieben ist umgefallen!«

Nach einigen Tagen mussten die Holzarbeiter den umgefallenen Bretterstapel wieder aufstellen. Da lag ihr verhasster Totschläger tot darunter. Ob es ein Unfall war oder ob die Holzarbeiter im Sägewerk nachgeholfen hatten, konnte ich nie erfahren, denn darüber wurde in unserem Lager geschwiegen. Jedenfalls weinte ihm niemand, auch kein Russe, eine Träne nach.

Ein Paar Stiefel für Lydia

Im großen Tischlereibetrieb, in dem Knoza russische Jugendliche männlichen und weiblichen Geschlechts ausbilden musste, ist mir ein Mädchen namens Lydia besonders aufgefallen. Lydia kam öfters während der Arbeitszeit, anstatt zu arbeiten, zu mir in die Zelle neben dem Trockenraum und saß längere Zeit weinend da. Besonders die Mittagspause benutzte sie gerne, um mich zu besuchen, anstatt ihr Essen zu holen. Was blieb mir anderes übrig, als ihr mein Kochgeschirr samt Inhalt anzubieten, was sie auch gerne annahm. Als sie mein Kochgeschirr leer gelöffelt hatte, ging ich noch einmal in die Küche, in der Hoffnung, noch eine Portion zu bekommen. Der deutsche Koch hatte Verständnis, neckte mich und sagte: »Hast du wieder Besuch bekommen?«

In dieser Küche wurde für die russischen Offiziere, für die Jugendlichen und für uns Gefangene dasselbe gekocht. Während der ganzen Gefangenschaft gab es nie ein so gutes Essen wie in diesen letzten vier Monaten.

Doch zurück zu Lydia. Mir war nicht wohl zumute, dass sie mich immer besuchen kam, denn ich fürchtete, dass wir uns beide strafbar machten, was ich ihr öfters zu verstehen gab. Da sie aber trotzdem immer wieder kam, sprach ich einmal mit Knoza darüber, aber ohne Erfolg. Sie ließ sich einfach nicht abwimmeln und kam weiterhin, ob ich wollte oder nicht.

Irgendwie tat sie mir leid, wenn sie in ihrer schäbigen Kleidung und mit zerrissenen Schuhen so armselig und traurig dastand.

Ich versuchte ihr zu helfen und begab mich in die Lagerschusterei, wo unsere Schuster, alles deutsche Gefangene, für die russische Prominenz Schuhe und Stiefel herstellen mussten. Ich hatte eine gute Beziehung zu den Lagerschustern und bestellte für Lydia ein Paar Stiefel. Als die Stiefel fertig waren, bezahlte ich sie mit meinen ersparten Rubeln, und Knoza half mir, die Stiefel unauffällig aus dem Lager hinauszubringen. Einen Stiefel versteckte er unter der Steppjacke und den anderen ich. Es klappte problemlos. Als Lydia wieder zu mir in den Trockenraum kam, wollte ich ihr die Stiefel schenken, aber sie wagte es nicht, sie anzunehmen. Sie brauchte Zeit, um es sich zu überlegen, ob sie die Stiefel annehmen könne oder nicht. Vielleicht glaubte sie, ich hätte die Stiefel gestohlen.

Am nächsten Tag kam sie wieder in Begleitung eines jungen, hoch dekorierten Offiziers. Ich erschrak nicht wenig, denn ich befürchtete, dass sie mich verklagt hatte und dass ich dafür bestraft würde. Sie bemerkte sofort meine schlimmen Vermutungen und sprach auf Russisch: »Hab keine Angst, er ist Sergej, mein Bruder!« Mir fiel ein Stein vom Herzen, denn ich hatte mich im Geiste schon in Sibirien gesehen.

Als Sergej seiner Schwester erlaubte, die Stiefel anzuziehen, strahlte ihr Gesicht, und erst jetzt bemerkte ich so richtig, wie schön die kleine, zarte Lydia eigentlich war.

Daraufhin erzählte mir Sergej in deutscher Sprache, dass er die Kämpfe in Berlin mitgemacht hatte und nach dem Krieg noch vier Jahre als Besatzungssoldat dort gelebt und ein deutsches Mädchen kennengelernt hatte. Daraufhin sei er mit seiner Schwester in dieses Straflager versetzt worden, wo er die Aufsicht über die Strafgefangenen übernehmen musste. Er machte mir Hoffnungen, dass wir bald nach Hause fahren würden, zum Leidwesen seiner Schwester. Er versprach mir, wieder einmal vorbeizukommen, sobald er Näheres über Entlassungen erfahren würde. Seine Schwester besuchte mich weiterhin im Trockenraum. Ich wagte es aber nie, ihr näherzutreten, denn ich war von der Sinnlosigkeit einer engeren Beziehung felsenfest überzeugt. Sie hätte nur seelische Wunden hinterlassen.

Nächtliche Verhöre

Inzwischen liefen in unserem schwer bewachten Lager die Vernehmungen auf Hochtouren, und zwar immer in der Nacht.

Bei Tag mussten wir Schwerarbeit verrichten, und in der Nacht konnten wir nicht schlafen, aus Angst, zur Vernehmung gerufen zu werden.

Viele Kameraden, die zum Verhör gerufen wurden und denen das NKWD – vielleicht aufgrund von Verrat durch Spitzel – ein Vergehen nachweisen konnte, kamen nicht mehr zurück und verschwanden spurlos. Keiner von uns hat je erfahren, was mit ihnen geschah. Vielleicht wurden sie nach Sibirien verschleppt. Die Geheimpolizei tat so, als hätte es diese Gefangenen nie gegeben. Uns jedoch werden sie immer in Erinnerung bleiben, denn sie haben mit uns ums Überleben gekämpft, gebangt und gelitten.

Vier Monate lang dauerte diese angstvolle Zeit der nächtlichen Verhöre. Es war wie ein Schrecken ohne Ende.

Zweimal traf es auch Max Wieser und mich. Wir wurden nach Mitternacht jäh aus dem Schlaf gerissen, zur Vernehmung gerufen und nacheinander einzeln vernommen.

Vor dem Vernehmungslokal standen schon einige Häftlinge, die nervös darauf warteten, vernommen zu werden. Sobald ein bereits einvernommener Häftling aus dem Vernehmungslokal herauskam und an uns vorbeiging, wurde er unauffällig am Ärmel gezupft und leise gefragt: »Wie war es?« Und er flüsterte zurück: »Ganz schön braun, aber nicht von der Sonne!« Dieser Spruch bedeutete, dass da NKWD die politischen Vergehen ahn-

Max Wieser aus Schlanders war auch in russischer Kriegsgefangenschaft in Rustavi.

dete. Wer also »nazibraun« gewesen war, wurde gesucht und bestraft.

Manche von uns waren lange Zeit im Vernehmungslokal und wurden erbarmungslos in die Enge getrieben, um aus ihnen ein Geständnis herauszuquetschen.

Max Wieser und ich wurden also nacheinander einzeln vernommen. Ich stand in einem kleinen, engen Raum unter einem grellen Scheinwerferlicht vor drei NKWD-Offizieren und einem Dolmetscher. Auf einem kleinen Tisch lagen Weißbrot und Butter. Ich wurde gefragt: »Hast du Hunger?« Ich gab keine Antwort, denn ich wusste, was diese Frage bedeutete. Nun wollten sie von mir erfahren, wer unser Kamerad Max Pablik, der unser Lagerleiter war und mich aus dem Rattenkeller herausgeholt hatte, wirklich war und was er während des Krieges für Funktionen ausgeübt hatte. Sie meinten, wenn ich ihnen das verraten würde, bekäme ich Butterbrot, so viel ich wollte.

Ich gab ihnen zur Antwort, dass ich während des Krieges mit ihm nie etwas zu tun gehabt hatte.

Darauf wurde über meine Religionszugehörigkeit gerätselt. Als ich ihnen sagte, dass ich römisch-katholisch sei, behaupteten sie, dass ich ein Italiener sein müsse.

Ich antwortete ihnen mit lachendem Gesicht, dass auch Österreicher zum Großteil römisch-katholisch seien und bekam dafür eine Ohrfeige.

Hätte ich mich als Italiener ausgegeben, wäre ich vielleicht in Sibirien gelandet, denn ein Italiener mit SS-Tätowierung, der im deutschen Heer diente, galt als Freiwilliger.

Die Entnazifizierung

Als die meisten Kriegsgefangenen entlassen worden waren, wurden, wie schon erwähnt, alle Lager bis auf das unsere aufgelöst, und die restlichen Gefangenen der aufgelösten Lager kamen alle zu uns. Darunter befand sich auch Hubert Wallnöfer aus Prad, der ebenfalls die SS-Tätowierung trug, und ein gewisser Professor Warum – ich weiß nicht genau, ob der Name so stimmt. Dieser soll angeblich auch ein Südtiroler gewesen sein, tauchte aber nach den nächtlichen Vernehmungen nicht mehr auf. Unter den tausenden Gefangenen, die sich in diesem Lager befanden, waren jetzt noch insgesamt sieben Südtiroler.

Es waren dies:
der Augenarzt Dr. Rössler aus Bozen,
Karl Geier aus Neumarkt,
Nikolaus Oberleiter aus Olang,
Leo Eder aus Latsch,
Max Wieser aus Schlanders,
Hubert Wallnöfer aus Prad
und ich, Hans Raffeiner aus Laas.

Eines Tages besuchte mich Sergej, der Bruder von Lydia, und brachte mir die Nachricht, dass bei den nächsten Entlassungen auch ich dabei sein würde. Tatsächlich wurde ich dann am 27. August 1949 zusammen mit meinen Südtiroler Kameraden entnazifiziert; nur Hubert Wallnöfer war nicht dabei, weil er bei den Vernehmungen angegeben hatte, dass er Hitler-Jugend-Führer gewesen sei. Er wurde einer Schwerarbeitergruppe zugeteilt, die in einem geschlossenen Waggon Zement in Säcke füllen musste. Der Zementstaub hat ihnen so arg zugesetzt, dass ihnen das Blut aus der Nase rann und sie fast erstickten. Hubert wurde dann einige Wochen später entnazifiziert.

Mehrmals trafen sich die Russlandheimkehrer in verschiedenen Südtiroler Orten, unter anderem in Gossensass, Barbian und Kurtatsch. Hier ein Bild vom Treffen am 27. Mai 1984. 1. Reihe sitzend von links nach rechts: Max Wieser aus Schlanders, Karl Geier aus Neumarkt , Otto Pircher aus Göflan, Hubert Wallnöfer aus Prad; 2. Reihe: Hans Raffeiner aus Laas und Dr. Rössler aus Bozen

Nach der Entnazifizierung galten wir als freie Bürger, brauchten nicht mehr zu arbeiten und konnten uns frei bewegen.

Das russische Frauenlager

Bald darauf besuchte mich Sergej wieder und brachte mich ins russische Frauenlager. Nur an einem bestimmten Tag im Monat war dort Besuchstag.

Vor dem Lagertor wartete ein ganzes Heer von Menschen, die von weither gekommen waren, um ihre inhaftierten Frauen zu sehen.

Bald kehrte eine endlose Kolonne von Frauen schwer bewacht von der Arbeit ins Straflager zurück. Die von der schweren Arbeit zerschundenen, kahl geschorenen Frauen wurden von den Bewachern im Eiltempo ins Lager zurückgetrieben.

Als die Besucher ihre armseligen Frauen hinter dem Stacheldraht erkannten, begann ein lautes, gegenseitiges Zurufen, begleitet von Heulen und Klagen.

Hinter uns stand ein russischer Feldwebel in voller Uniform, der plötzlich ganz verzweifelt laut aufschrie: »Morussia, was haben sie aus dir gemacht?«, und schlug die Hände über dem Kopf zusammen. Ich kann es auf Russisch leider nicht mehr formulieren. Vielleicht war es seine Schwester, seine Geliebte oder seine Frau, die wegen eines kleinen Vergehens in diesem Straflager gelandet war.

Hinter dem Lagertor spielte eine Frauenkapelle wehmütige Musik. Sie klang so herzergreifend, dass auch uns, Sergej und mir, die Tränen kamen.

Als die Frauen im Gebäude verschwunden waren, durften ihre Angehörigen sie durch ein kleines Guckloch kurz sehen und ihnen ohne Worte ein kleines Paket überreichen. Als Sergej mich in unser Lager zurückbegleitete, sagte er ganz bedrückt zu mir: »Siehst du, das ist Russland!«

Eine Armbanduhr und ein Silberring

Bevor ich mich von Sergej verabschiedete, vertraute ich ihm an, dass ich mir ein paar Rubel erspart hatte. Ich wollte wissen, ob ich es wagen konnte, die Rubel mit nach Hause zu nehmen. Da gab er mir dringend den Rat, es nicht zu tun, denn wenn man mich damit erwischte, konnte ich als Devisenschmuggler bestraft und nach Sibirien geschickt werden. Die verdienten Rubel mussten in Russland verbraucht werden. Sergej wusste mir zu berichten, dass auf der Fahrt in die Heimat in Rumänien noch einmal kontrolliert werden würde, was auch tatsächlich der Fall war. Ich überlegte, wie ich das ersparte Geld noch schnell ausgeben könnte. Ich fuhr mit dem Zug nach Tiflis, schlenderte durch die Stadt, betrat so eine Art staatlichen Trödelladen, in dem es unter anderem auch Uhren zu kaufen gab.

Da ich in meinem Leben noch nie eine Uhr besessen hatte, kaufte ich mir eine Armbanduhr mit einem Uhrband aus irgendeinem glänzenden Metall. Sie kostete nicht wenig, sodass ich die meisten Rubel dafür brauchte, die mir übrig geblieben waren, nachdem ich Lydias Stiefel bezahlt hatte. Ich dachte mir, auf der langen Fahrt in die Heimat könnte ich eine Uhr gut gebrauchen, um mich zeitlich orientieren zu können. Und so war es dann auch. Immer wieder wurde ich von meinen Kameraden nach der Uhrzeit gefragt.

Zu Hause angekommen, hörte die Uhr auf zu ticken. Nach ein paar Tagen brachte ich sie zum Uhrmacher, um sie reparieren zu lassen. Er prüfte sie und sagte: »Diese Uhr kannst du wegwerfen. Sie ist nichts wert.«

Ein deutscher Gefangener besaß einen Silberring. Er hatte Hunger und suchte dafür einen Käufer. Ich bot ihm 20 Rubel, und er war einverstanden. Ich gab ihm das Geld, und er gravierte die Initialen meines Namens auf den Ring, denn er war von Beruf Goldschmied. Ich trug den Ring lange mit Stolz.

Heute noch liegt der Ring als wertloser Gegenstand in einer Schublade. Er ist aber das einzige Erinnerungsstück aus der russischen Gefangenschaft, das ich noch besitze.

Der Abschiedsbrief

Ein Gefangener, der auch einen »Propusk«, eine Ausgeherlaubnis, besaß, weil er im Außendienst tätig war, musste öfters mit einem Kraftfahrzeug nach Saganlug fahren. Einmal hatte ihn dort eine junge, hübsche Frau angehalten, ihm einen Zettel gegeben und gebeten, er möchte den Zettel mitnehmen für einen bestimmten Gefangenen in unserem Lager, und sie hatte ihn genau beschrieben. Es sei ein »Plieni« (Gefangener), der eine Zeit lang in Saganlug gearbeitet und mit einem Panjewagen immer Wasser geholt habe. Vorsichtshalber standen auf dem Zettel weder Adresse noch Absender. Der beauftragte Gefangene erkundigte sich im Lager bei seinen Kameraden, wer nach ihrer Meinung der Adressat sein könnte. Schließlich kam er zu mir und glaubte, der Beschreibung nach den Richtigen gefunden zu haben. Ich vermutete, dass der Zettel von der Lehrerin Sonja stammte. Sogleich wurde ich umringt von Kameraden, die wissen wollten, was auf dem Zettel geschrieben stand. Gemeinsam versuchten wir die Schrift zu entziffern. Es waren Abschiedsworte und gute Wünsche für die Zukunft, aber ohne Unterschrift, um mich und sich nicht zu gefährden.

Abschied von Russland

Anfang September 1949 war es dann so weit, dass an die 300 Österreicher und einige Südtiroler, die sich als Österreicher ausgegeben hatten, die Heimreise in Richtung Österreich antreten durften. Wir wussten nicht recht, ob wir uns auf die Heimreise freuen sollten oder nicht, denn es war gleichzeitig ein Abschiednehmen von lieb gewonnenen Menschen, die zurückbleiben mussten und die wir nie mehr sehen würden. Es waren dies die gefangenen Kameraden, aber auch einige russische Freunde, die wir lieb gewonnen hatten, weil sie gut zu uns waren.

Auf dem Bahnhof von Rustavi standen russische Zivilisten, die von uns Abschied nehmen wollten.

Die Türen des Güterzuges wurden, im Gegensatz zur Hinfahrt in die Gefangenschaft, nicht geschlossen. Wir saßen auf dem Trittbrett der Waggons und ließen die Beine baumeln. Als der Güterzug losfuhr, hielten sich einige Frauen an unseren Füßen fest und liefen ein paar Schritte mit, als wollten sie uns nicht ziehen lassen oder mit uns mitfahren. Manche hatten Tränen in den Augen.

Wir fuhren von Rustavi in Richtung Baku am Kaspischen Meer, und dann in Richtung Dnjepropetrowsk, wo wir neun Stunden Aufenthalt hatten.

Ich bat unseren russischen Begleitoffizier, ob ich einen Rundgang durch die Stadt machen dürfte, und er erlaubte es mir; ich war gierig, möglichst viel von der Weite Russlands zu sehen. In Dnjepropetrowsk waren noch immer Trümmerspuren vom Krieg zu sehen, Schäden die zum Teil von den Deutschen angerichtet worden waren, als sie die Stadt einnahmen, und teils von den Russen, welche die Stadt wieder zurückeroberten.

Wie ich so dahinschlenderte, sah ich eine Kolonne von Menschen, vor allem Frauen, vor einem Brotladen stehen. Da ich noch ein paar Rubel in der Tasche hatte, die man mir in Marmasighet bei der letzten Kontrolle sowieso abgenommen hätte, wollte ich mir auch ein wenig Brot kaufen, und ich stellte mich hinten an. Es dauerte nicht lange, da wurden die Frauen auf mich aufmerksam und fragten mich auf Russisch, ob ich ein »Plieni niemietski«, das heißt deutscher Gefangener, sei. Ich antwortete, dass ich ein »Plieni austriazki«, ein Österreicher sei. Darauf wollten sie wissen, wie alt ich sei, und ich sagte: »Dwazatadin«, einundzwanzig. Anscheinend hatten die Frauen Mitleid mit mir, weil sie mir Platz machten und mich vorgehen ließen. Ich bedankte mich mit »Bolschoje spasiba«, »Danke sehr.« Ich kaufte mir ein halbes Kastenbrot als Vorrat für die Heimreise. Das frische Brot schmeckte mir aber so gut, dass ich auf dem Rückweg zum Bahnhof alles aufaß.

Auf dem Rückweg zum Bahnhof ging ich den Bahnsteig entlang und dabei fielen mir Güterzugwaggons auf, deren kleine Fenster mit Stacheldraht verhängt waren. Ich erschrak nicht wenig, ich befürchtete, dass diese Waggons für uns bestimmt sein könnten, um uns nach Sibirien zu bringen. In der Nähe standen Rotarmisten mit aufgepflanztem Gewehr. Ich wagte es, einen Rotarmisten zu fragen, was diese vergitterten Waggons zu bedeuten hätten. Er erklärte mir, dass sie für ungarische und rumänische SS-Angehörige samt Familienmitgliedern bestimmt seien, um sie nach Sibirien zu bringen. Darauf befahl er mir: »Paschli!«, was so viel heißt wie: »Hau ab!«

Ich machte mich schleunigst aus dem Staub. Aus einiger Entfernung schaute ich noch einmal zurück, und da konnte ich sehen, wie eine größere Menge von Menschen, Erwachsene, Kinder und ältere Menschen, im Eiltempo zu den vergitterten Waggons getrieben wurde. Ich hörte ein Wimmern, Weinen und Schreien, dass es mir durch Mark und Bein ging.

Ich beeilte mich, zu meinen Kameraden zu kommen, und entfernte mich nie mehr. Als wir wieder weiter in Richtung Heimat fuhren, war ich heilfroh.

Die nächste Station, wo es einen längeren Aufenthalt gab, war Marmasighet, eine Ortschaft an der rumänisch-ungarischen Grenze. Dort befand sich ein großes, bekanntes Durchgangslager, wo noch einmal die Identität jedes Gefangenen überprüft wurde.

Als ich aufgerufen wurde, fragte man mich nach meiner genauen Anschrift. Ich gab mich wieder als Österreicher aus mit der Anschrift »Innsbruck, Höhenstraße 6, Hötting«, wo mein Pate wohnte. Die Anschrift wurde akzeptiert, und ich war frei für die Weiterfahrt Richtung Wien.

Für meinen Kameraden Leo Eder aus Latsch lief das letzte Verhör nicht so glimpflich ab. Er glaubte sich jetzt in Sicherheit und gab anstatt der österreichischen Adresse die genaue Anschrift von zu Hause in Südtirol an. Er durfte nicht mit uns weiterfahren, sondern musste wieder zurück nach Kiew, wo er noch ein halbes Jahr verbringen musste, bis zur Klärung des Irrtums. Leo Eder kam erst im Mai 1950 als »Italiener« zurück nach Hause.

Ankunft in Österreich und Aufenthalt in Innsbruck

Als wir in Wiener Neustadt ankamen, wurden wir mit großer Begeisterung empfangen. Eine Musikkapelle spielte auf und wir bekamen zu essen und zu trinken.

Am Bahnhof standen Sanitätswagen, um die kranken Kameraden und die Kriegs- und Arbeitsinvaliden, die nicht mehr gehen konnten, abzuholen. Eine große Menschenmenge drängte sich an die Waggons, Väter und Mütter, die auf ihre Söhne warteten, und Frauen, die hofften, endlich wieder ihren Mann oder Freund in die Arme schließen zu können. Wie enttäuscht waren jene, die bemerkten, dass ihre Lieben nicht dabei waren!

Manche Leute hielten vergrößerte Lichtbilder von vermissten Gefangenen hoch, unter denen stand: »Wer hat ihn gesehen?«

Eine Mutter zeigte mir das Bild ihres Sohnes, der in der Gefangenschaft ums Leben gekommen war, aber ich hatte nicht den Mut, ihr zu sagen, dass er nicht mehr lebte.

Wir fuhren dann über Wien, Linz, Salzburg weiter in Richtung Innsbruck, und in jedem größeren Bahnhof wurden wir mit Blumen und Musik empfangen, und wieder gab es zu essen und zu trinken. Wieder standen Leute da, die sich auf ihre Heimkehrer freuten, und enttäuschte Menschen.

Als wir endlich in Innsbruck ankamen, waren wir nur mehr ein paar Südtiroler, Osttiroler und Nordtiroler. Die Südtiroler wurden ins Durchgangslager Reichenau gebracht, wo sie verbleiben mussten, bis sie von Rom die Einreisepapiere nach Südtirol erhielten.

Mich holte mein Pate Josef Lechner, der aus Laas stammte, am Bahnhof von Innsbruck ab und brachte mich zu sich nach Hause nach Hötting. Dort hätte ich bis zum Eintreffen meiner Einreisepapiere aus Rom bleiben sollen.

Das Foto auf dem Entlassungsschein entstand in Innsbruck. Hans Raffeiner trägt den Trachtenanzug, den er von einer Witwe aus Innsbruck erhielt, deren Mann im Krieg gefallen war.

Nach der Entlassung aus der Gefangenschaft kam Hans Raffeiner zuerst nach Innsbruck, wo er bei seinem Paten Josef Lechner wohnte. Die Aufnahme zeigt Hans Raffeiner (Dritter von links) mit seinem Paten und dessen Kindern in Hötting.

Als ich am nächsten Tag aufwachte, verspürte ich einen Juckreiz am ganzen Körper, der von einem Ausschlag herrührte, der von den vielen ungewohnten Würstchen kam, die wir auf den Bahnhöfen erhalten hatten. Mein Pate war besorgt um meine Gesundheit, und da er zurzeit einen Job als Krankenpfleger an der Universitätsklinik hatte, sprach er mit einem Arzt darüber. Als ich zu einer Gratisvisite ins Krankenhaus vorgeladen wurde, umringten mich mehrere neugierige Ärzte, die mich gründlich untersuchten und daraufhin bestätigen konnten, dass der Ausschlag nur vom ungewohnten Essen kam. Gleichzeitig wunderten sich die Ärzte, dass ich trotz der großen Strapazen, die ich hinter mir hatte, noch halbwegs gut beisammen war. Man gab mir den Rat, ungewohnte Speisen vorerst nur in kleinsten Portionen zu verzehren.

Die Nachbarin meines Paten hatte im Kleiderschrank einen Steireranzug hängen. Er hatte ihrem Ehegatten gehört, der im Krieg gefallen war. Diesen Anzug wollte sie mir schenken, damit ich nicht in den Gefangenenklamotten herumlaufen musste (siehe Foto auf dem Entlassungsschein!).

Am Bahnhof von Innsbruck hatte mir eine französische Dame österreichische Schillinge in die Hand gedrückt. Auch von der Tiroler Landesregierung bekam ich Geld, sodass ich mir einen billigen Anzug kaufen und den Steireranzug zurückgeben konnte.

Ich hatte eine Tante in Bozen, die Paula hieß. Eine Freundin dieser Tante lebte in Innsbruck und war Tanzlehrerin. Diese wollte sich meiner annehmen, indem sie mich zu den Tanzkursen einlud. Doch mich interessierten keine Tanzkurse. Ich hatte nur das Verlangen, endlich nach Hause zu kommen, und ich wollte nicht auf die Einreisepapiere warten. Zudem war es mir peinlich, der Familie meines Paten so lange zur Last zu fallen.

Rückkehr nach Laas

Am 12. Oktober 1949, am Tag vor meinem 22. Geburtstag, verabschiedete ich mich von meinem Paten, kaufte mit dem restlichen Geld eine Fahrkarte und fuhr mit dem Zug nach Landeck. Am Bahnhof von Landeck fand ich einen Taxifahrer, der in Richtung Ried fahren wollte. Ich bat ihn inständig, mich bis dorthin mitzunehmen. In Ried angekommen, war mir ganz übel, denn ich war das Autofahren nicht mehr gewohnt. Wir kehrten in einem Gasthaus ein, wo ich ein Glas Wasser verlangte. Die Gäste betrachteten mich auffällig, als ich in meiner russischen Steppjacke so dastand. Dann überredeten sie den Taxifahrer, er möchte mich doch wenigstens bis zur Grenze am Reschenpass bringen, was er auch tat. Die italienische Grenzpolizei wollte mich nicht ohne Einreisepapiere die Grenze passieren lassen. Erst nach einem längeren Telefongespräch mit dem Laaser Carabinierimaresciallo bekam ich von der Grenzpolizei ein Einreisevisum für fünf Tage. Ich musste versprechen, mich nach Ablauf dieser Frist wieder bei den Grenzpolizisten zu melden. Darauf bat ich den Taxichauffeur kniefällig, mich nach Laas zu bringen.

Endlich zu Hause

Als wir bei mir zu Hause in Laas ankamen, war die Haustüre abgesperrt, weil meine Eltern auf dem Feld waren. Ein Nachbar hatte mich aber erkannt, lief in die Werkstatt meines Bruders und meldete ihm, dass ich angekommen sei. Es dauerte nicht lange, da stand mein Bruder vor mir. Wir schauten uns gegenseitig erstaunt an, weil wir uns im Laufe der fünf Jahre beide sehr verändert hatten.

Mein Bruder bezahlte den Taxichauffeur, der sich bedankte, mir alles Gute wünschte und sich eiligst verabschiedete.

Mein Bruder führte mich ins Haus, und bald schon kamen meine Eltern und die jüngeren Geschwister von der Feldarbeit zurück. Mutters Blicke musterten mich auffällig, bevor sie in Freudentränen ausbrach, denn sie hatte Angst, ich könnte verkrüppelt sein. Auch meine Geschwister starrten mich an, als wäre ich ein wildfremder Mensch. Ich selber fühlte mich auch wie ein fremder, ungebetener Gast in einem fremden Haus. Wir alle mussten uns erst wieder aneinander gewöhnen, da sich auch meine Geschwister in der Zwischenzeit verändert hatten.

Als ich Laas im April 1945 verlassen hatte, war meine jüngste Schwester Maria, geboren am 19. Mai 1941, erst drei Jahre alt, als ich zurückkam, war sie schon im neunten Lebensjahr und fast nicht mehr zu erkennen.

In unserem Haus herrschte immer noch derselbe Platzmangel. Daher musste einer meiner Brüder wieder das Bett mit mir teilen, was für ihn sehr unangenehm war, weil ich sehr unruhig schlief.

Besonders schlimm waren die ersten Nächte, denn ich träumte immer von Russland und vom NKWD, befürchtend, dass man mich wieder abholen wollte, um mich nach Sibirien zu bringen. Meine Brüder beschwerten sich über mich, weil ich in der Nacht so unruhig war und immer laut redete.

Begegnungen mit Nachbarn und anderen Laaser Bürgern empfand ich als unangenehm, weil sie mich so neugierig musterten. Müßig zu Hause herumzusitzen war auch unerträglich.

Es dauerte lange Zeit, bis ich zu Hause in der inzwischen mir fremd gewordenen Umgebung zurechtkam. Auch meine Angehörigen hatten Schwierigkeiten, mich zu akzeptieren, denn ich war nicht mehr der unkomplizierte Junge von damals. Ich hatte manchmal das Gefühl, unerwünscht zu sein. Zwei Jahre nach meiner Rückkehr aus der Gefangenschaft starb meine Mutter im Alter von 50 Jahren an Krebs, was für uns alle die Situation noch verschlimmerte.

Wenn ich später glaubte, mich einigermaßen erholt zu haben, bedurfte es nur einer Kleinigkeit, um mich wieder aus dem Gleichgewicht zu bringen. Die schwierige Zeit der Gefangenschaft hatte zu große, scheinbar unheilbare Wunden in meiner Seele hinterlassen.

Ein neuer Anfang

Zum Glück boten mir die Laaser Marmorwerke schon bald eine Arbeit als Steinmetz an, weil sie für die vielen Aufträge, die sie von den Amerikanern erhalten hatten, dringend mehr Arbeitskräfte benötigten. Wir mussten damals Marmorkreuze meißeln für die amerikanischen Soldaten, die in Frankreich gefallen waren, und Davidssterne für die Juden, die auf der Seite der Alliierten gegen Deutschland gekämpft und ihren Einsatz mit dem Tod bezahlt hatten. Diese Marmorkreuze und Judensterne waren für einen Friedhof bestimmt, der auf französischem Boden errichtet wurde.

Hans Raffeiner als Steinmetz bei »Lasa Marmi« nach der Gefangenschaft. Er bearbeitet gerade ein Kreuz für einen amerikanischen Soldatenfriedhof in Nordfrankreich.

Je mehr Kreuze und Sterne wir pro Tag herstellen konnten, desto mehr verdienten wir. Pro Kreuz erhielten wir 600 Lire, pro Stern gar 1.000 Lire Ich zählte bald schon zu den Schnellsten, obwohl ich diese Arbeit erst lernen musste. Ich schaffte pro Tag zwei Kreuze und einen Stern. Wir arbeiteten unter Aufsicht amerikanischer Offiziere. Auf jedes Kreuz und auf jeden Stern musste die Matrikelnummer des Steinmetzen, von dem das Kreuz oder der Stern gemeißelt worden war, am Sockel eingraviert werden. Ich hatte die Matrikelnummer 96. Es musste einwandfreier, schneeweißer Marmor sein.

Jeden Tag, wenn ich zur Arbeit musste, stopfte ich mir Äpfel und gekochte Kartoffeln in die Taschen der Steppjacke, die ich aus Russland mitgebracht hatte. Jeder Gefangene hatte nämlich nach der Entlassung eine neue Steppjacke bekommen.

Während der Arbeit holte ich mir ab und zu eine kleine Kartoffel heraus und steckte sie samt der Schale verstohlen in den Mund oder kaute unauffällig Äpfel, weil mich das Hungergefühl noch lange Zeit plagte.

Im November 1949, ich war noch kaum sechs Wochen zu Hause, gab mir meine Mutter den Befehl, mit den jungen Ferkeln auf den Katharinamarkt nach Schluderns zu fahren, um sie zu verkaufen. Sie sagte mir sogar, wie viel Lire ich pro Ferkel verlangen musste. Anfangs wehrte ich mich dagegen, nach Schluderns zu fahren, aber als sie nicht nachgab und sagte, dass es jetzt meine Pflicht sei, die Verantwortung für die Familie zu übernehmen, gab ich nach. Ich verfrachtete die Ferkel in eine Kiste mit Stroh und fand bald darauf ein Fuhrwerk, das auf dem Weg in Richtung Schluderns war. Der Bauer erklärte sich bereit, mich und die Ferkel mitzunehmen. Es war sehr kalt und ich fror trotz der Steppjacke, die ich trug. Auf dem Markt angekommen und vor meiner Ferkelkiste in meiner Steppjacke frierend dastehend, erregte ich die Aufmerksamkeit und vielleicht auch das Mitleid der Marktleute. Es dauerte gar nicht lange, bis ich alle meine Ferkel verkauft hatte, während andere Bauersleute ihre

Aloisia Raffeiner, geborene Wieser, die Mutter von Hans Raffeiner

Schweinchen wieder mit nach Hause nehmen mussten. Meine Mutter war zufrieden mit der Arbeit, die ich geleistet hatte.

Meine Mutter, die sich schon länger mit dem Gedanken befasst hatte, ein neues Haus zu bauen, legte jeden Pfennig sorgfältig auf die Seite. Auch ich brachte das ganze Geld der Mutter, die es zu ihrem Ersparten legte und aufbewahrte, bis wir es wagen konnten, mit dem Neubau auf einer Wiese am Weg nach Parnetz zu beginnen. Es wurde ein einfaches, primitives Haus ohne sanitäre Anlagen mit Stadel und Stall. Im Stall befand sich ein Brunnen, wo wir händisch das Trinkwasser für uns und für das Vieh aus der Tiefe pumpen mussten. An das öffentliche Trinkwassernetz waren wir nicht angeschlossen.

Es war zu der Zeit, als in Reschen der große Stausee entstand und die Wohnhäuser von Alt-Reschen und Alt-Graun abgebrochen wurden. Mein Bruder Josef besorgte uns von den Abbruch-

Am 1. August 1957 heiratete Hans Raffeiner die Lehrerin Theresia Reisigl aus Prad. Aufnahme vor der Kirche zum hl. Georg in Agums, damals Pfarrkirche von Prad-Agums

häusern alte Türen und Fenster, die nicht viel kosteten und die wir in unser Haus einbauten. Es waren allerdings ziemlich alte Exemplare, die alles andere als dicht waren.

Leider erlebte unsere Mutter die Fertigstellung des Hauses nicht mehr, sie verstarb kurz nach Baubeginn.

Die letzten paar Tage ihres Lebens war unsere Mutter ans Bett gefesselt und konnte nicht mehr aufstehen. Nun gab sie uns vom Krankenbett aus Anweisungen, was wir zu tun hatten.

Am Dienstag, den 13. November 1951 lag unsere Mutter im Sterben. Während alle weinend rings um ihr Bett standen, kamen mir keine Tränen, denn in der Gefangenschaft hatte ich mich an das Massensterben gewöhnt. Traurig, aber wahr! Unsere Mutter war bis zuletzt bei vollem Bewusstsein.

Im Jahre 1957 heiratete ich die Grundschullehrerin Theresia Reisigl aus Prad. Auch mein Vater wohnte bei uns. Bald darauf wurden die alten Türen und Fenster unseres »Neubaus« durch neue ersetzt.

Mein Bruder Josef, der von Beruf Schuster war, richtete sich unser altes Haus neben der Kirche wohnlich her und heiratete ebenfalls. Das Eheglück war allerdings von kurzer Dauer, denn er verstarb schon ein paar Jahre danach erst 27-jährig an einem Leberleiden und hinterließ seine Frau mit zwei kleinen Kindern.

Meine älteste Schwester Berta und mein Bruder Ernst fanden Arbeit in der Schweiz und ließen sich dort nieder. Ernst lernte in Zürich eine Frau aus der Steiermark kennen und lebt seit seiner Pensionierung in Graz.

Meine zwei Schwestern Rosl und Paula heirateten nach Glurns.

1966 übersiedelte ich mit meiner Familie nach Prad und überließ das Haus in Laas meiner jüngsten Schwester Maria, bei der auch mein Vater seinen Lebensabend verbrachte. Er starb am 13. September 1981.

Die Versicherungsgesellschaft Generali bot mir eine Arbeit als Versicherungsvertreter an und seit meinem 65. Lebensjahr bin ich in Rente.

Heute bin ich Vater von drei Kindern und Großvater von sieben Enkelkindern. Ich verbringe meinen Lebensabend mit meiner Frau und wir beide helfen unseren Kindern und Enkelkindern arbeitsmäßig und finanziell, wo es gerade die Not erfordert. Wir hoffen, dass wir noch eine Weile gesund bleiben und dass wir unseren Nachkommen nie zur Last fallen müssen.

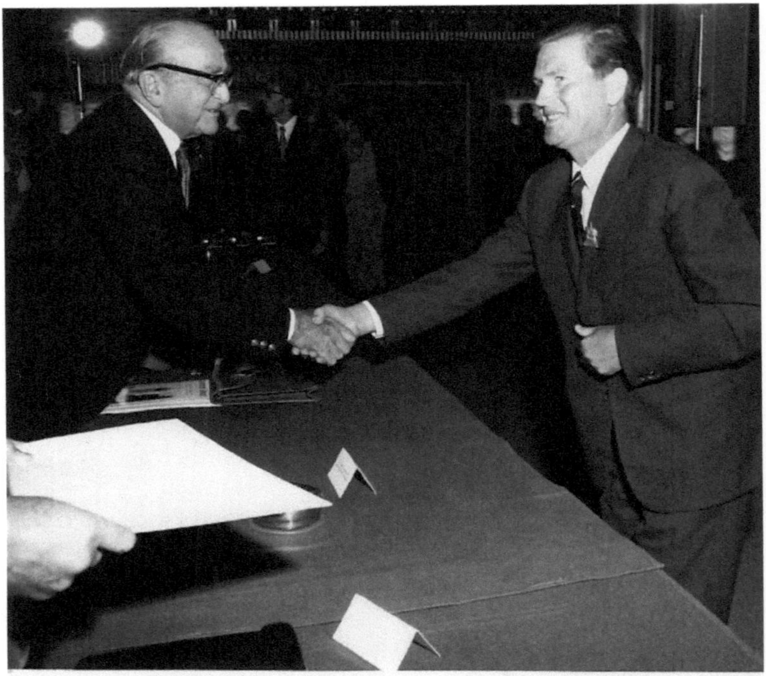

Als Prämie bei einem Leistungswettbewerb für treue Dienste bei der Versicherungsanstalt Generali gewann Hans Raffeiner eine Fahrt auf dem Kreuzfahrtschiff Leonardo da Vinci von Neapel nach Cannes. Das Bild zeigt Hans Raffeiner mit dem Senatspräsidenten Cesare Merzagora

Nachwort

In meinem 80. Lebensjahr habe ich begonnen, mir meine Erlebnisse in russischer Kriegsgefangenschaft wieder in Erinnerung zu rufen, sie mir von der Seele zu reden und schließlich mit Hilfe meiner Frau niederzuschreiben, solange ich noch klar denken kann. Nach und nach sind die Erlebnisse wie in einem Film vor meinem geistigen Auge Revue passiert. Ich sah alles klar vor mir, als wäre es erst gestern gewesen. Ich empfand das Wiedergeben wie eine Aufarbeitung der unangenehmen Situationen, aber auch die Sehnsucht nach lieben Menschen, die ich zeitweise schon vergessen hatte, ist in mir neu erwacht. Schade, dass es kein Wiedersehen mehr geben kann.

Wenn ich bedenke, wie viele Kameraden die Strapazen nicht überstanden, so muss ich mir eingestehen, dass ich trotz allem noch Glück hatte. Vielleicht hat auch das Gebet meiner Mutter dazu beigetragen, dass ich so glimpflich davongekommen bin, denn, wie ich später erfahren habe, hat sie nicht weniger gelitten als ich. Leider hat ihr das so arg zugesetzt, dass sie schon zwei Jahre nach meiner Heimkehr verstarb.

Auch die Mutter meines besten Kameraden Max Wieser verstarb kurz nach seiner Rückkehr.

Manche Leser werden es vielleicht als störend empfinden, dass in der Gefangenschaft auch geklaut wurde. Hätten diejenigen, denen sich die Gelegenheit dazu bot, oft auch unter Lebensgefahr, den Dystrophikern und OK-Männern nicht geholfen und nicht eine Kartoffel, eine Zuckerrübe, eine Handvoll Mehl oder ein paar Brotkrumen vom Außendienst ins Lager gebracht, wären noch mehr Gefangene in Russland verhungert, denn die Mindestbrotration hätte auf die Dauer nicht zum Überleben gereicht. Die russische Regierung hätte uns auch nach Hause schicken können, wenn sie uns nicht ernähren konnte. Oder wäre es vielleicht besser gewesen, die Antifa-Schule zu besuchen, Spitzeldienst zu leisten und die Kameraden zu verpfeifen, um zu mehr Brot zu kommen? Von den über drei Millionen deutschen Gefangenen in Russland sollen ohnehin 1,3 Millionen nicht mehr nach Hause zurückgekehrt sein.

Wenn ich jetzt, in meinem 81. Lebensjahr, immer wieder die erlebten Geschichten durchlese, empfinde ich eine gewisse Genugtuung, dass es mir gelungen ist, sie zu Papier zu bringen, und ich sie somit der Nachwelt zum Nachdenken hinterlassen kann.

An dieser Stelle möchte ich mich in erster Linie bei meiner Frau Theresia Raffeiner geborene Reisigl bedanken, die mir beim Niederschreiben meiner Erlebnisse behilflich war. Ein zweiter Dank gebührt meiner Enkelin Sara Raffeiner, die die handgeschriebenen Texte am Computer getippt hat. Nicht zuletzt bin ich meinem Neffen Gerhard Plieger zu Dank verpflichtet, der sich die Mühe gemacht hat, die Texte zu lesen und durchzusehen.

Auch bei Christoph Wallnöfer, Prad, möchte ich mich herzlich bedanken, weil er mir geholfen hat, die russischen Wörter, die ich akustisch noch klar im Ohr habe, fehlerfrei niederzuschreiben.

Der Verlagsanstalt Athesia danke ich, dass sie meine Erinnerungen aus der Kriegsgefangenschaft in ihr Verlagsprogramm aufgenommen hat.

Johann Raffeiner

Kurzbiografie

Hans Raffeiner wurde am 13. Oktober 1927 in Laas geboren.

Vater: Kleinbauer und nebenbei Waldarbeiter, um die 9-köpfige Familie leichter zu ernähren

Ab dem 10. Lebensjahr musste Hans im Sommer zu fremden Bauern, um bei der Feldarbeit mitzuhelfen.

Schulbildung: 8 Jahre Volksschule, davon 5 Jahre italienische Schule, nebenbei Katakombenschule, und 3 Jahre deutsche Schule

Ab dem 14. Lebensjahr Arbeitsdienst bei Bauern, deren Söhne im Krieg waren

Im Mai 1944 zur Musterung angetreten und der Waffen-SS zugeteilt

Jänner – Februar 1945: vormilitärische Ausbildung auf Schloss Annaberg bei Goldrain

Bis zur Einberufung im April 1945 zum Sicherheits- und Ordnungsdienst (SOD) in Laas abkommandiert

Kurz vor Kriegsende direkt an die Front nach Prag geschickt, sinnloser Endkampf

Kapitulation am 8. Mai 1945

Vergeblicher Versuch, zu den Amerikanern zu gelangen

Gefangennahme durch die Russen

Endlos erscheinende Fahrt nach Rustavi (Georgien) in die Gefangenschaft

Viereinhalb Jahre russische Gefangenschaft

Entlassung aus der Gefangenschaft im September 1949

Ankunft in Laas am 12. Oktober 1949

1957 Heirat, 2 Söhne, 1 Tochter

Umzug nach Prad im Herbst 1966

Ab 2006 schriftliche Aufarbeitung der Kriegsgefangenschaft

Stationen (★) auf der Hinfahrt: Laas – Meran – Bozen – Sterzing – Innsbruck – Salzburg – Linz – Budweis – Prag; Brünn; Budapest – Focşani (Rumänien); Chisinau – Dnjepropetrowsk – Rostow – Armavir – Grosny – Baku – Rustavi

Der Heimweg: Rustavi – Baku – Grosny – Armavir – Rostow – Dnjepropetrowsk – Chisinau – Czernowitz – Lager Marmasighet (Sighet); Budapest – Pressburg (Bratislava) – Wiener Neustadt; Wien – Linz – Salzburg – Innsbruck; Landeck – Reschen – Laas

STIFTUNG
SÜDTIROLER SPARKASSE